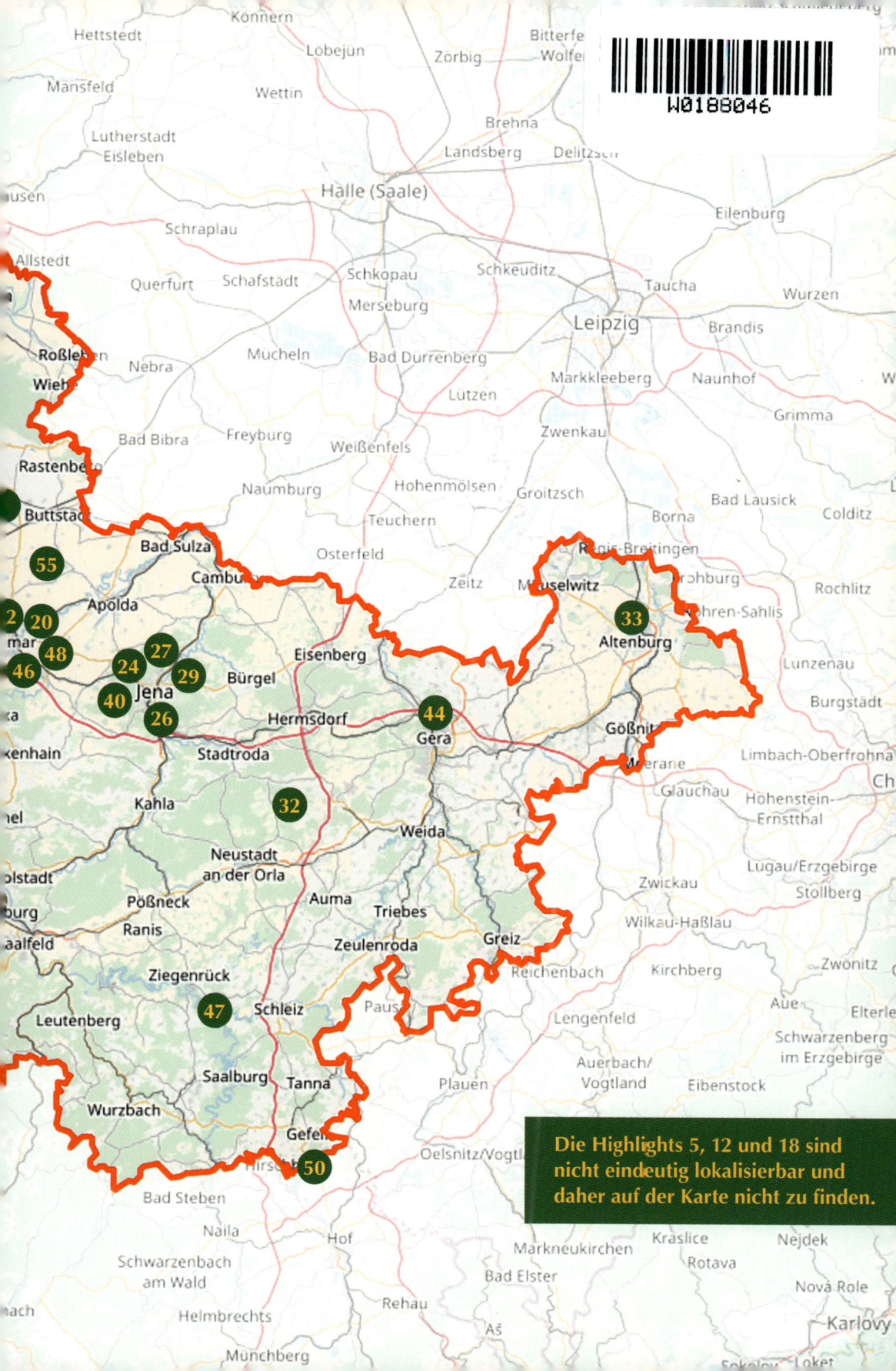

W0188046

Die Highlights 5, 12 und 18 sind nicht eindeutig lokalisierbar und daher auf der Karte nicht zu finden.

Steffen Raßloff

Thüringen
55 Highlights aus der Geschichte

Menschen, Orte und Ereignisse,
die unsere Region bis heute prägen

SUTTON HEIMAT

Inhalt

Thüringen
Land der historischen Highlights

Kaum ein anderes Bundesland verfügt über eine so reiche Erinnerungslandschaft von der Urgeschichte bis in die jüngste Vergangenheit wie Thüringen. Das Kulturland um die UNESCO-Welterbestätten Wartburg und Weimar gilt zudem als „Grünes Herz Deutschlands".

Thüringen ist zwar eines der kleineren deutschen Bundesländer, verfügt aber über ein historisches Erbe von Weltrang. Dies reicht von den glanzvollen Thüringer Landgrafen auf der Wartburg über das „Lutherland", das „Kernland" von Reformation und Bauernkrieg, das „Goldene Zeitalter" der Weimarer Klassik Goethes und Schillers bis hin zur „Wiege der Moderne" mit dem Bauhaus Weimar und der Weimarer Nationalversammlung 1919. All dies zählt zum UNESCO-Weltkulturerbe: Weimar steht mit Bauhaus und Klassik auf der prestigeträchtigen Liste, die Wartburg als mittelalterliche Höhenburg, „Luther-Burg" und romantisches Nationaldenkmal.

Dies sind jedoch nur die strahlendsten Highlights einer einzigartigen Erinnerungslandschaft. Über Jahrhunderte kleinstaatlich geprägt, entfaltet das „Land der Residenzen" zwischen Gotha, Weimar, Altenburg und Meiningen, zwischen Sondershausen, Rudolstadt, Gera und Greiz eine ganz besondere Atmosphäre. Es verfügt über Schlösser, Parks, Museen, Bibliotheken und Theater in einmaliger Dichte, wurde zum Synonym des Landes der Dichter, Denker und Musiker. Hierzu gehören das Wirken von Johann Sebastian Bach und der Fruchtbringenden Gesellschaft in Weimar ebenso wie der Aufstieg der Universität Jena. Fürsten wie Ernst der Fromme und Ernst II. in Gotha oder „Theaterherzog" Georg II. in Meiningen haben sich einen Platz in der Kulturgeschichte gesichert.

Die Mittelaltermetropole und heutige Landeshauptstadt Erfurt, Sitz der ältesten Universität in Deutschland und Prägestätte des jungen Luthers, sowie die einstigen Reichsstädte Mühlhausen und Nordhausen runden dieses Bild ab. Zudem hat Thüringen auch der Moderne bedeutende Impulse verliehen, verbunden mit Namen wie Zeiß, Arnoldi, Perthes, Fröbel, Brehm, Haeckel und Dix. Aber auch dunkle Kapitel wie der nationalsozialistische „Mustergau" Thüringen mit dem Weimarer Gauforum werden nicht ausgespart.

Zugleich reicht die Geschichte Thüringens im weiteren Sinne bis in die Anfänge der Menschheit zurück. Sie hat von der steinzeitlichen Fundstätte Bilzingsleben über den bronzezeitlichen Grabhügel von Leubingen und die Kelten vom Gleichberg bis hin zum germanischen Opfermoor Oberdorla außergewöhnliche Highlights zu bieten. Der Untergang des Königreiches der Thüringer 531, die Integration der Slawen und die Christianisierung kommen ebenso zur Sprache wie spätere wegweisende Ereignisse: die Schlachten von Jena und Auerstedt 1806 und von Langensalza 1866, der Erfurter Parteitag der SPD 1891, das Erfurter Gipfeltreffen 1970 oder die Stasibesetzung in Erfurt 1989.

Nicht vergessen werden das imposante Kyffhäuserdenkmal, das katholische

Durch die „Lutherpforte" betrat Martin Luther am 17. Juli 1505 das Erfurter Augustinerkloster, die „Keimzelle der Reformation".

Eichsfeld, die Blumenstadt Erfurt, Waffenstadt Suhl, Skatstadt Altenburg und Spielzeugstadt Sonneberg sowie das Humboldtdorf Auleben und Grenzdorf „Little Berlin" Mödlareuth. Thüringer Klöße und Rostbratwurst fanden als kulinarische Highlights mit langer, sagenumwobener Geschichte Aufnahme. Thüringen bietet darüber hinaus eine reiche Naturlandschaft vom Südharz bis zum Thüringer Wald mit dem Höhenweg Rennsteig, vom Werratal bis zum „Thüringer Meer" der Saalestauseen. Das „Grüne Herz Deutschlands" hat es mit dem Nationalpark Hainich 2011 sogar auf die UNESCO-Weltnaturerbe-Liste geschafft.

Dem Waldelefanten auf der Spur
Der steinzeitliche Fundplatz Bilzingsleben

An der spektakulären Fundstätte Steinrinne nahe Kindelbrück kann man geballte Geschichte erleben. Mit dem stolzen Alter von etwa 370.000 Jahren handelt es sich bei der außergewöhnlichen Ausgrabungsstätte um eine der frühesten Spuren des Menschen in Mitteleuropa.

Die Geschichte Thüringens und der Thüringer reicht, wenn man die Begriffe nicht auf die Goldwaage legt, sehr weit zurück. Mit den ersten Gruppen steinzeitlicher Urmenschen beginnend, wechselten sich die Bewohner auf dem Gebiet des heutigen Freistaates immer wieder ab, verdrängten Einwanderer Alteingesessene oder lebten zeitgleich unter gegenseitiger Beeinflussung. Es entstanden und vergingen im Dunkel der noch schriftlosen „grauen Vorzeit" namenlose, nur durch archäologische Funde fassbare Kulturen.

Erste Relikte des Menschen, der sich vor ca. 750.000 Jahren in Europa auszubreiten begann, gehen bis weit in die Altsteinzeit zurück. Die zahlreichen Funde, zunächst v.a. die namensgebenden Steinwerkzeuge, werfen interessante Schlaglichter auf das Leben unserer frühesten Vorfahren. Die wichtigsten Relikte sind im Museum für Ur- und Frühgeschichte Thüringens in Weimar zu sehen. Jenes altehrwürdige Gebäude in der Humboldtstraße, in dem auch das Landesamt für Archäologie residiert, gehört zu den renommiertesten Einrichtungen seiner

Die Ausgrabungsstätte Steinrinne in Bilzingsleben ist mittlerweile gut für Besucher erschlossen worden.

Im Museum für Ur- und Frühgeschichte Thüringens hat man den Lagerplatz rekonstruiert.

Art in Deutschland. Es hat sich zugleich zu einem sehr anschaulichen Ort der Wissensvermittlung entwickelt.

Wer jenseits der Museumsmauern auf Spurensuche gehen möchte, kann aber auch fündig werden. Unter den archäologischen Fundorten ragt einer allein schon durch sein Alter deutlich heraus: Nahe Bilzingsleben bei Kindelbrück finden sich mit die frühesten Spuren der Gattung Homo erectus in Mitteleuropa. Jene Fundstelle unter einer Travertinschicht, die seit dem Mittelalter als Steinbruch „Steinrinne" abgebaut worden war, wurde im frühen 19. Jahrhundert entdeckt. Sie hat Überreste einer Gruppe von altsteinzeitlichen Urmenschen vor ca. 370.000 Jahren zutage gefördert, wie sie kaum eine andere in dieser Fülle bietet. Die Grabungen und wissenschaftlichen Untersuchungen seit den 1970er-Jahren haben international für Aufsehen gesorgt.

Aus jenem Homo erectus entwickelten sich der Neandertaler und unser direkter Vorfahre Homo sapiens. Er gilt als erste menschliche Art, die das Feuer benutzte, intensiv jagte, wie ein moderner Mensch aufrecht laufen konnte und diesem auch schon recht ähnlich sah. Vom Homo erectus bilzingslebensis weiß man, dass er am Rande eines Sees einen Lagerplatz mit Behausungen und Feuerstellen unterhielt, Werkzeuge, Jagdwaffen und andere Geräte aus Stein, Holz, Knochen und Geweih herstellte. Die Gruppe sammelte Früchte und Pflanzen, machte aber auch gemeinsam Jagd auf Waldnashörner, Biber, Hirsche, Waldelefanten und Bären.

Die Ausgrabungsstätte Steinrinne Bilzingsleben mit den ältesten menschlichen Fossilresten in Mitteldeutschland ist mittlerweile mit einem Besucherzentrum und einer Ausstellung für die Sommermonate erschlossen worden. Natürlich spielen die ältesten Thüringer auch im Weimarer Museum eine wichtige Rolle. Dort sind eine modellhafte Rekonstruktion des Lagerplatzes und zahlreiche Fundstücke zu bestaunen.

9

2 Ein fürstliches Grab
Der Fürstenhügel von Leubingen

Wussten Sie, dass der Fürstenhügel von Leubingen zu den bedeutendsten Zeugnissen der Bronzezeit in Thüringen gehört? Auf 1940 v. Chr. datiert, wurde er als Grabstätte eines mächtigen Fürsten errichtet. Heute verfügt er sogar über eine eigene Autobahnraststätte.

Die Autobahn 71 von Erfurt nach Sangerhausen wurde 2013 als eines der letzten großen Verkehrsprojekte im vereinten Deutschland fertiggestellt. Die moderne Trasse tangiert eines der ältesten historischen Highlights in Thüringen, das 4.000 Jahre vor den Autobahnbau zurückgeht. Es ist das einzige, dem sogar eine eigene Autobahnraststätte gewidmet

Rekonstruktion der Totenhütte des Fürsten.

ist: der Leubinger Fürstenhügel aus der Bronzezeit.

Noch über Jahrtausende hatten die Nachfahren der Waldelefanten-Jäger von Bilzingsleben als umherziehende Jäger und Sammler gelebt. Der bahnbrechende Schritt zum Ackerbauern und Viehzüchter vollzog sich erst in der Jungsteinzeit, menschheitsgeschichtlich nur ein Wimpernschlag zurückliegend. Jene „neolithische Revolution" begann im 9. Jahrtausend v. Chr. in Kleinasien. Um 5500 v. Chr. tauchen die ersten sesshaften Bauern in Thüringen auf, besonders im fruchtbaren Thüringer Becken und im Altenburger Land.

So richtig startete die Zivilisation dann mit dem Metallzeitalter. Den Anfang machte die Bronzezeit seit der ersten Hälfte des 2. Jahrtausends v. Chr. Aus dem schon länger bekannten Kupfer gewann man durch die Legierung mit Zinn das härtere Metall Bronze. Damit wurde die Effektivität von Werkzeugen und Waffen erheblich erhöht. Mit der Herstellung und Nutzung von Metall beschleunigten sich die kulturelle Entwicklung und soziale Differenzierung. Hiervon zeugt auch besagter Grabhügel bei Leubingen, der mit 8,50 Metern Höhe und 34 Metern Durchmesser als der größte in Thüringen gilt. Der Grabhügel, datiert auf 1940 v. Chr., war reich mit

Der Leubinger Fürstenhügel hebt sich markant aus dem Thüringer Becken heraus.

Beigaben aus Bronze und Gold versehen. Hier ruhte vermutlich ein Fürst, der über große Teile des Thüringer Beckens geherrscht haben könnte.

Beinahe wäre der Hügel wie viele andere im 19. Jahrhundert der modernen Landwirtschaft zum Opfer gefallen. Dank Professor Friedrich Klopfleisch von der Universität Jena blieb er jedoch erhalten und mit einer Grabung wurde 1877 sein Geheimnis gelüftet. Unter mehreren Schichten, zuletzt einer massiven, zwei Meter starken Steinschicht, lag die kunstvoll gefertigte Totenhütte des Fürsten.

Allerdings ist Klopfleisch nicht unumstritten. So wird die von ihm dokumentierte Fundsituation heute in Teilen in Zweifel gezogen. Das quer über den Überresten des Fürsten gelegene Skelett eines Kindes, ein mutmaßliches Menschenopfer, soll eine nachträgliche

Erfindung des Jenaer Professors sein. Die Klärung dieser Frage wird nicht einfach, da die originalen Skelette nicht erhalten sind. Wie sich die Gelehrten auch immer einigen mögen, die große historische Bedeutung des Leubinger Fürstenhügels steht außer Frage.

Das zeigt sich auch im Museum für Ur- und Frühgeschichte Thüringens in Weimar. Dort präsentiert man viele der hochkarätigen Fundstücke und hat das Fürstengrab rekonstruiert. Aber auch das Heimatmuseum Leubingen widmet sich dem herausragenden Fundort der Bronzezeit, der den knapp 1.000 Einwohner zählenden Ortsteil Sömmerdas weithin bekannt gemacht hat. Der Hügel selbst ist frei zugänglich und dank der A71 bestens erreichbar. Er soll mit der gestalterisch ambitionierten Raststätte „Leubinger Fürstenhügel" sogar noch deutlich aufgewertet werden.

3 Gewaltige Festung
Die keltische Steinsburg bei Römhild

Die Kelten bewohnten in den Jahrhunderten vor der Zeitenwende die imposante Steinsburg auf dem Kleinen Gleichberg bei Römhild. Zahlreiche eisenzeitliche Funde bezeugen ihre hohe Kultur. Das reizvoll gelegene Steinsburgmuseum hält die Geschichte des größten Bodendenkmals in Thüringen lebendig.

Die Eisenzeit ist nach der Stein- und Bronzezeit die letzte der drei großen ur- und frühgeschichtlichen Epochen. Sie wird von etwa 800 v. Chr. bis zur Zeitenwende datiert. Als Träger ihrer Kulturen treten jetzt erstmals bei antiken Autoren namentlich zwei große „barbarische" Volksstämme auf, die Kelten und die Germanen. Sie haben offenbar zeitweise gemeinsam in Thüringen gelebt, wobei die ethnische Abgrenzung angesichts des engen Kulturkontakts schwerfällt. Den Kelten zugeordnet wird vor allem der Süden zwischen Werra, Saale und Orla.

An die Kelten erinnert als echtes historisches Highlight das größte Bodendenkmal Thüringens. Die Steinsburg auf dem 641,5 Meter hohen Kleinen Gleichberg bei Römhild, eine befestigte keltische Höhensiedlung („Oppidum"), bestand vom 6. bis zum 1. Jahrhundert v. Chr. Auf der 68 Hektar großen Anlage mit bis zu drei Mauerringen lebten mehrere Tausend Menschen. Zahlreiche Funde sind erhalten, unter anderem die für jene hoch entwickelte Kultur kennzeichnenden Fibeln aus Bronze und Eisen, die als kunstvolle Gewandspangen dienten.

Die Relikte von der Steinsburg belegen auch den europaweiten Handel, besonders mit dem großen keltischen Kulturraum von West- bis Osteuropa, an dessen Nordgrenze zu den Germanen sich Thüringen befand. Diese Grenzlage machte Thüringen zu einem zentralen Austauschraum zwischen Kelten und Germanen. Das wertvolle Eisen, mit dem Werkzeuge und Waffen gegenüber der Bronze nochmals an Leistungsfähigkeit gewannen, wurde in Form von Barren gehandelt. Bekanntester Beleg hierfür sind die 1845 entdeckten „Schwurschwerter" der Wartburg, bei denen es sich um Eisenbarren handelt. Mit dem Vordringen elbgermanischer Stämme und dem Verschwinden der keltischen Oppida-Kultur im letzten Jahrhundert v. Chr. begann die Herausbildung des Stammes der Thüringer.

Die wissenschaftliche Erforschung der Steinsburg und die Sammlung ihrer Relikte setzte im 19. Jahrhundert ein. Ein Schlüsseldatum bildet die Eröffnung des Steinsburgmuseums Römhild 1929, die internationale Beachtung fand. Auf dem Sattel zwischen Großem und Kleinem Gleichberg, in unmittelbarer Nähe des bedeutenden Kulturdenkmals, konnten damit die Forschung und museale Präsentation auf modernstem Niveau gesichert werden. Später stieg das Haus zum Zentralmuseum für Ur- und Frühge-

Die Pferdchenfibel gehört zu den beeindruckendsten Exponaten des Steinsburgmuseums.

schichte des Bezirks Suhl auf und wurde die wichtigste Einrichtung ihrer Art in Südthüringen. Heute bietet das Museum unter Obhut des Landesamtes für Archäo-logie eine anschauliche Ausstellung von der Steinzeit bis ins Mittelalter. Die Steinsburg und ihre glanzvollen Funde stehen dabei natürlich im Mittelpunkt.

Diana von Oberdorla
Das Opfermoor von Oberdorla

Den Germanen, die seit der Zeitenwende ganz Thüringen besiedelten, verdanken wir zahlreiche Sagengestalten, Sprachelemente, aber auch Brauchtümer, die aus ihrem heidnischen Glauben entstanden sind. Von ihren religiösen Vorstellungen kündet besonders das Opfermoor Oberdorla bei Mühlhausen.

In der Eisenzeit wurde Südthüringen von den Kelten bewohnt, die mit der Steinsburg bei Römhild ein beachtliches Kulturdenkmal hinterließen. Zugleich lebten nördlich hiervon bereits Germanen. Von ihnen zeugt unter anderem die

Der Kultfigur der „Diana von Oberdorla" wurde in Oberdorla geopfert.

Funkenburg bei Westgreußen, die bisher einzige komplett erforschte und 1999 rekonstruierte germanische Wehrsiedlung. In den letzten Jahrzehnten v. Chr. kam es mit dem Vordringen von Elbgermanen aus dem Raum Altmark und Harz zu einem einschneidenden Wandel. Fortan gehörte ganz Thüringen zum germanischen Siedlungsraum.

Die ersten Bewohner, für die ein Stammesname bekannt ist, könnten die elbgermanischen Hermunduren gewesen sein. Sie galten lange als Vorfahren der Thüringer. Dies wird von der jüngeren Forschung allerdings mit Blick auf die sehr spärlichen Schriftquellen kritisch hinterfragt. Wenn auch ihre Ansiedlung in Thüringen also nicht unstrittig ist, so stiegen die Hermunduren im 1. Jahrhundert n. Chr. doch zu einer führenden Macht unter den Germanenstämmen des Elbe-Saale-Raums auf.

Infolge der Schlacht im Teutoburger Wald 9 n. Chr. kam es nicht zu einer Unterwerfung Mitteldeutschlands durch die Römer. Ihre Kriegszüge blieben so die einzigen unmittelbaren militärischen Kontakte. Dennoch gab es enge Verbindungen zu den Hermunduren. Der römische Autor Tacitus schreibt in seiner „Germania" (98 n. Chr.), dass diese „den Römern treu ergeben" seien. Dies meint

Blick über den heutigen See bei Niederdorla.

aber wohl eher gegenseitige Unterstützung im Kampf gegen andere Germanenstämme.

Auch in der kulturellen Überlieferung zeigt sich die Nähe der Hermunduren zu Rom. Im Museum für Ur- und Frühgeschichte Thüringens in Weimar sind zahlreiche archäologische Funde mit wertvollen römischen Gefäßen, Schmuck und Münzen, aber auch fortschrittliche Technologien in Handwerk und Landwirtschaft zu bestaunen. Dort erhellen einige Schlaglichter auch die germanische Götterwelt.

Wichtigster Fundort ist das vom 1. Jahrhundert v. Chr. bis zum 6. Jahrhundert n. Chr. genutzte Opfermoor zwischen Nieder- und Oberdorla nahe Mühlhausen. Jene Kultstätte mit eingehegten Heiligtümern und Kultsee hat neben zahlreichen Opfergaben auch Idole (Götterfiguren) in Form von geschnitzten Pfählen oder Astgabeln überliefert. Diese können germanischen Göttern wie Wodan oder Freyr, aber auch von den Römern übernommenen Gottheiten wie der Jagdgöttin Diana zugeordnet werden. Mit den Sach- und Tieropfern suchte man die Götter gnädig zu stimmen, in der Frühzeit der Anlage kam es sogar zu Menschenopfern.

Im Weimarer Museum, in der Ausstellung Opfermoor Vogtei in Niederdorla und rund um den als Freilichtmuseum erschlossenen Kultsee wird hierüber informiert. Es gibt vor Ort zahlreiche Aktivitäten, von einer rekonstruierten Siedlung bis hin zum Germanenfest und Römermarkt. So bleibt jenes historische Highlight aus der frühen Landesgeschichte lebendig. Es lohnt also ein Abstecher zum geografischen Mittelpunkt Deutschlands, auf den unmittelbar neben dem Opfersee ein Gedenkstein hinweist.

5 Katastrophe an der Unstrut
Untergang des Thüringer Königreiches 531

Der Untergang des Königreichs der Thüringer 531 gehört zu den wichtigsten Zäsuren der Landesgeschichte. Aus einem mächtigen Germanenreich wurde eine Provinz des fränkischen und späteren deutschen Reiches. Schauplatz des blutigen Geschehens war das Unstruttal.

Die Entstehung der Thüringer liegt weitgehend im Dunkeln. Lange ging man davon aus, dass sie vor allem aus den Hermunduren hervorgegangen seien. Jüngere Forschungen haben dies infrage gestellt – ohne die ethnische Herkunft weiter erhellen zu können. 395 werden die Toringi beim römischen Autor Vegetius Renatus erstmals erwähnt. Ältere Deutungen des Namens gingen von den Hermunduren, dem lateinisch Adjektiv durus (= hart) oder dem Donnergott Thor aus. Heute wird unter anderem eine Ableitung vom germanischen thur (= stark, machtvoll, reich) vermutet, die den Thüringern unserer Tage sicher gefallen dürfte.

In jedem Falle treten die Thüringer um 400 auf die historische Bühne. Sie hatten sich von anderen germanischen Stämmen der Völkerwanderungszeit abgehoben und gehören damit neben Franken, Alemannen und Sachsen zu den ältesten, aus denen sich ein deutsches Reich bilden sollte. Ihr Siedlungsraum reichte von der Werra bis zur unteren Mulde, von der Altmark bis zum Thüringer Wald und Erzgebirge. Darüber hinaus erstreckte sich ihre Herrschaft später bis hin zu Main, Donau, Elbe und vielleicht sogar zum Niederrhein.

In der zweiten Hälfte des 5. Jahrhunderts bildete sich ein mächtiges Königreich der Thüringer. Bedeutende archäologische Funde von Stößen bei Naumburg, Großörner bei Mansfeld, Weimar, Erfurt und Mühlhausen markieren dessen Kernraum. Als wichtiger Machtfaktor des spätantik-germanischen Europas war es mit dem Ostgotenreich Theoderichs des Großen verbündet. Dies wurde 510 durch Heirat der Theoderich-Nichte Amalaberga mit dem Thüringer König Herminafrid bekräftigt. Nach dem Tod Theoderichs 526 brach das Bündnissystem jedoch rasch zusammen. Die Thüringer unterlagen 531 in einer vernichtenden Schlacht an der Unstrut dem Heer der Frankenkönige Theuderich und Chlothar. 534 fiel der geflüchtete Herminafrid einem fränkischen Mordanschlag zum Opfer. Seine Nichte Radegunde wurde von Chlothar ins Frankenreich verschleppt und musste diesen heiraten. Sie flüchtete jedoch später in den Schoß der Kirche und gründete das Kloster Poitiers. Dort verstarb die in Frankreich als Heilige verehrte Prinzessin 587.

Der blutige Untergang des Thüringer Königreiches hat schon die Zeitgenossen stark beeindruckt und ist in die germanische Sagenwelt eingegangen. Die Geschichtsschreibung, etwa die „Geschichte der Franken" des Gregor von Tours, hat die Ereignisse in groben Zügen festgehalten. Gregor schildert, ohne einen konkreten Ort zu nennen, die Niederlage

Die kunstvolle Adlerfibel von Oßmannstedt bei Weimar (vor 489) steht für die engen Beziehungen der Thüringer zu den Ostgoten.

sehr drastisch. So hätten die Leichen der flüchtenden Thüringer die Unstrut verstopft, auf denen dann die Franken den Fluss überqueren konnten. Daneben erinnert das zeitgenössische Klagelied der Radegunde des Dichters Venantius Fortunatus eindringlich an die furchtbare Niederlage. Als historische Zäsur kann man die Ereignisse von 531 kaum überschätzen. Aus einem stolzen Königreich wurde eine Randprovinz des fränkischen und späteren deutschen Reiches, Thüringen als historische Region schmolz auf den Kern des heutigen Freistaates zusammen.

6 Der ohnmächtige Donnergott
Bonifatius und die Christianisierung

Dass der Missionar Bonifatius die Christianisierung Thüringens im 8. Jahrhundert entscheidend vorantrieb, ist unbestritten. Überaus fraglich ist hingegen, ob dessen im Erfurter Rathausfestsaal ins Bild gesetzte legendäre Fällung einer Eiche im Steigerwald sich wohl tatsächlich so zutrug.

Der angelsächsische Missionar Bonifatius hat als „Apostel der Deutschen" im 8. Jahrhundert wesentlich an der Christianisierung Thüringens mitgewirkt. Als Ergebnis langjähriger Tätigkeit gründete er 742 das Bistum Erfurt, das jedoch bald darauf an Mainz angegliedert wurde. Dennoch legte Bonifatius damit den Grundstein für die Stellung Erfurts als kirchliches Zentrum in Thüringen, das heute Sitz eines katholischen Bistums und des Landeskirchenamtes der Evangelischen Kirche in Mitteldeutschland ist.

Die Bistumsgründung 742, genauer gesagt ein entsprechender Brief an Papst Zacharias, stellt zugleich die urkundliche Ersterwähnung von „erphesfurt" dar, das schon lange eine Stadt heidnischer Bauern gewesen sei. Deshalb hat auch Historienmaler Prof. Peter Janssen den Missionar an den Anfang seines 1882 vollendeten imposanten Wandbildzyklus im Erfurter Rathausfestsaal gestellt.

Gezeigt wird die legendäre Fällung einer Eiche im nahen Steigerwald, die dem germanischen Gott Donar geweiht war. Im Vordergrund gelingt es Bonifatius offenbar, Bewohner der Stadt angesichts der ausbleibenden Strafe durch den Donnergott vom Wort Gottes zu überzeugen. Im Hintergrund wenden sich erzürnte Anhänger des alten Glaubens ab. Dies steht für den keineswegs reibungs-

losen Prozess der Christianisierung der Germanen – Bonifatius selbst wurde 754 von heidnischen Friesen erschlagen.

Die heutige Geschichtsschreibung verlegt die Fällung der Donar-Eiche freilich eher ins hessische Geismar nahe der Büraburg, wie es schon in der zeitgenössischen Biografie Willibalds von Mainz zu lesen steht. Eine spärliche Quellenlage und der Reiz der weit verbreiteten Sage mögen es aber verzeihlich machen, wenn die Thüringer dieses Ereignis für sich in Anspruch nahmen.

Der mutige Baumfäller steht unverkennbar als Symbolfigur für das siegreiche Christentum. Seine unerschütterliche Gestalt täuschte allerdings im späten 19. Jahrhundert über dessen schleichenden Erosionsprozess hinweg. Zwar bekannten sich noch fast alle Erfurter offiziell zum christlichen Glauben, gut 80 Prozent waren evangelisch. In Thüringen war aber keineswegs mehr jeder von der göttlichen Weltordnung überzeugt. Die aufstrebende Arbeiterbewegung setzte dem Christentum eine atheistische Weltanschauung entgegen. Auch für manchen national-liberalen Bürger hatte seine Verbindlichkeit nachgelassen.

Insbesondere der Protestantismus ist seither stark ausgehöhlt worden. Das Ende des Kaiserreiches mit seinen privilegierten fürstlichen Landeskirchen

Seit 2017 schmückt diese Statue von Bonifatius die Fassade des Erfurter Rathauses.

1918, zwei antikirchliche Diktaturen und die Zeit nach 1989 haben den Anteil der evangelischen Bevölkerung dramatisch zurückgehen lassen. Gleichwohl sollte man sich der christlichen Wurzeln unserer Geschichte bewusst bleiben. Das hat auch der Rotary Club Erfurt 2017 zum Anlass genommen, der Stadt zwei bronzene Statuen zu schenken. Bonifatius schmückt seither mit Martin Luther auf Höhe des Festsaales die Fassade des Erfurter Rathauses.

7 Metropolis Thuringiae
Erfurt – die alte Metropole Thüringens

Geschichte und Kultur satt: Erfurt war eine echte Mittelaltermetropole, was in deren Altstadt eindrucksvoll nachvollziehbar ist. Schon die Ersterwähnung 742 durch den Missionar Bonifatius verweist auf die Metropolfunktion für Thüringen.

Der Erfurter Domhügel mit seinen beiden imposanten Kirchen, dem Dom St. Marien und der Severikirche, gehört zu den herausragenden sakralen Baudenkmalen in Deutschland. Die Dächer der weitgehend erhaltenen malerischen Altstadt überragend, steht er für die reiche und mächtige Mittelaltermetropole. Zahllose Touristen bestaunen jedes Jahr

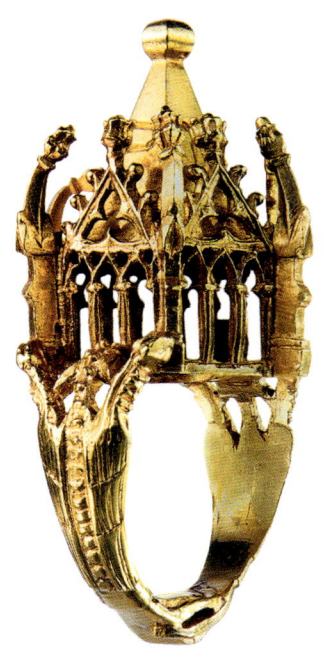

Der jüdische Hochzeitsring ist eines der Highlights im Museum Alte Synagoge in Erfurt.

die Stadt voller Geschichte und Kulturdenkmale, die in entsprechenden Rankings auch bei der Lebensqualität für ihre Bewohner mit ganz vorn rangiert.

Schon die Ersterwähnung von „erphesfurt" im Jahr 742 zeigt zugleich die alte Metropolfunktion für Thüringen. Der Missionar Bonifatius legte nicht ohne Grund den Sitz des neuen Bistums an die Gera, wo sich die größte und wichtigste Siedlung am Schnittpunkt bedeutender Handelsstraßen befand. Seither gilt Erfurt als das „Haupt des Thüringer Landes", wie es in Hartmann Schedels „Weltchronik" von 1493 heißt. Oft ist auch von der „Metropolis Thuringiae" die Rede, von der Metropole Thüringens.

Vom archäologisch belegten Machtzentrum des Thüringer Königreiches im 6. Jahrhundert bis hin zur heutigen Landeshauptstadt des Freistaates Thüringen zieht sich diese Stellung wie ein roter Faden durch die Geschichte. Der Verkehrsknotenpunkt wandelte dabei mehrfach sein Gesicht. Waren es über Jahrhunderte die wichtigen Handelsstraßen, allen voran die Via regia, die Erfurt seine Position maßgeblich sicherten, so trat an deren Stelle im 19. Jahrhundert die Eisenbahn. Heute bildet Erfurt als Schnittpunkt von Autobahnen und ICE-Schnellstrecken ein Verkehrsdrehkreuz von europäischem Rang.

Das imposante Ensemble von Dom und Severikirche überragt die Dächer der alten thüringischen Metropole Erfurt.

Über die Zentralstellung in Thüringen hinaus gehörte die autonome Handels- und Kulturmetropole im Mittelalter zu den größten Städten des Reiches. 1379 erhielt Erfurt das Privileg für die älteste Universität im heutigen Deutschland, deren bekanntester Student und Lehrer Martin Luther war. Mit dessen Eintritt ins Augustinerkloster 1505 begann das Ringen um die theologischen Grundeinsichten der Reformation. Auch die jüdische Gemeinde hat beeindruckende Spuren hinterlassen, allen voran das Museum Alte Synagoge mit dem einzigartigen Erfurter Schatz. Mit ihrem reichen jüdischen Erbe rund um die älteste erhaltene Synagoge Mitteleuropas hofft die Stadt sogar, auf die UNESCO-Welterbeliste zu gelangen.

An der Schwelle zur Neuzeit hatte die Quasi-Reichsstadt freilich den Zenit ihrer Entwicklung vorerst überschritten. 1664 musste sie sich unter die Herrschaft ihres Landesherrn, des Mainzer Erzbi-

schofs, beugen. Anfang des 19. Jahrhunderts setzte dann unter den Preußen ein wirtschaftlicher Wiederaufstieg ein. Er machte Erfurt schließlich zur pulsierenden Industriegroßstadt, die 1906 die 100.000-Einwoher-Marke überschritt.

Das „Zeitalter der Extreme" des 20. Jahrhunderts ging zwar keineswegs spurlos an Erfurt vorüber. Dennoch kann es sich heute nicht nur im Stadtmuseum „Haus zum Stockfisch" als Dom-, Luther- und Blumenstadt präsentieren, die ihren historischen Charakter weitgehend bewahrt hat. Den Wandel zum modernen Verwaltungs-, Dienstleistungs- und Wissenschaftszentrum nach 1990 hat die Stadt ebenfalls gemeistert. Hiervon zeugen nicht zuletzt die 215.000 Einwohner mit steigender Tendenz – ist Erfurt doch damit die einzige Stadt in Thüringen mit deutlichem Bevölkerungswachstum neben der zweiten Großstadt Jena (110.000).

Deutsche und Slawen in Thüringen

Deutsche und Slawen lebten in Thüringen lange Zeit weitgehend friedlich nebeneinander. Allmählich verschmolzen schließlich beide Ethnien, was in Großbrembach besonders bildhaften Ausdruck gefunden hat.

Neben fränkischer Ansiedlung aus dem Westen und dem Vordringen von (Nieder-)Sachsen in den nordthüringischen Raum gehören die Slawen zu den Gruppen, die mit den Thüringern im Mittelalter zu einer ethnischen Einheit verschmolzen. Nach dem Untergang des Thüringer Königreiches 531 hatte sich die germanische Siedlungsdichte verringert. Seit dem 8. Jahrhundert drangen verstärkt Slawen von Osten her bis zur Saale vor und siedelten sich auch darüber hinaus neben der deutschen Bevölkerung an.

Bis ins 10. Jahrhundert behaupteten die Slawen östlich der Saale ihre Unabhängigkeit und fielen immer wieder kriegerisch ins Frankenreich ein, weshalb den Herzögen in Thüringen eine wichtige Abwehrfunktion zukam. 805 legte das Diedenhofener Kapitular Kaiser Karls des Großen Erfurt als Kontrollstelle für den Handel mit den Slawen fest, denen keine Waffen verkauft werden durften.

An die neben den Deutschen lebenden Slawen in Thüringen erinnern archäologische Funde, urkundliche Quellen und geografische Bezeichnungen. Ohne adlige Führungsschicht und den deutschen Grundherren zinspflichtig, lebten sie in eigenen Dörfern mit typischen großen Gräberfeldern. Nicht selten legten die Slawen unmittelbar neben deutschen Städten und Dörfern neue Siedlungen an. Die vielen Ortsnamen auf -itz, besonders in Ostthüringen, wie Köstritz oder Klosterlausnitz, sind slawischen Ursprungs. Weiter westlich tauchen eher deutsch-slawische Mischnamen mit wendisch bzw. windisch auf, wie Windischholzhausen vor den Toren von Erfurt. Die slawische Kultur unterschied sich deutlich in Architektur und Gebrauchsgegenständen bis hin zum reichen Schmuck. Auch hier bietet das Museum für Ur- und Frühgeschichte Thüringens in Weimar eindrucksvolles Anschauungsmaterial.

Allmählich ging jedoch nach der Integration der Gebiete östlich der Saale in das Deutsche Reich unter König Hein-

Im Museum für Ur- und Frühgeschichte Thüringens in Weimar erinnert charakteristischer Schmuck an die slawische Kultur.

Das Relief am Ratskeller von Großbrembach versinnbildlicht das Zusammenwachsen von Deutschen und Slawen in Thüringen.

rich I. ab 928 die slawische Bevölkerung der Sorben nach langer, offenbar weitgehend friedlicher Nachbarschaft in der thüringischen Mehrheitsbevölkerung auf. Jedenfalls gibt es keine Belege für größere gewaltsame Auseinandersetzungen, während das Zusammenspiel für den inneren Landesausbau offenbar von nicht geringer Bedeutung war. Der Prozess der sprachlich-kulturellen Assimilation war größtenteils im 13. Jahrhundert abgeschlossen. Er konnte aber auch vereinzelt bis über die Schwelle vom Mittelalter zur Neuzeit um 1500 hinausreichen.

Ein bildhaftes Zeugnis hierfür ist das Relief am „Ratskeller" von Großbrembach bei Sömmerda aus dem 16. Jahrhundert.

1579 schlossen sich dort die benachbarten Siedlungen der Deutschen und Slawen offiziell zu einem Ort zusammen. Das Relief zeigt einen schwarzhaarigen Slawen und einen hellhaarigeren Deutschen unter einem Hut, die gemeinsam aus einem Horn trinken. Über Jahrhunderte hatten die nur durch den Fluss Scherkonde getrennten Orte Bornbrembach der Deutschen und Windischenbrembach oder Wendenbrembach der Slawen nebeneinander existiert. Das heutige Großbrembach ist damit ein Musterbeispiel für diesen historischen Prozess des Zusammenwachsens beider Ethnien, die hier buchstäblich unter einen Hut gebracht wurden.

Die Landgrafen von Thüringen

An der Wartburg kommt keiner vorbei – die majestätische UNESCO-Welterbestätte ist nicht nur wegen ihres Sängersaals und der Lutherstube bekannt, sondern auch der zentrale Erinnerungsort an die Herrscherdynastie der Ludowinger.

Die prachtvolle Wartburg thront auf den Ausläufern des westlichen Thüringer Waldes hoch über der Stadt Eisenach. Sie war einst glanzvoller Herrschaftsmittelpunkt der Landgrafen von Thüringen. Als Vertraute der staufischen Kaiser bestimmte das mächtige Adelsgeschlecht der Ludowinger die Reichspolitik wesentlich mit. Die Landgrafenzeit diente über die anschließenden Jahrhunderte der Kleinstaaterei hinweg als zentraler historischer Bezugspunkt der Thüringer. So führt heute auch der Freistaat Thü-

Das Wappen der Landgrafen von Thüringen geht bis ins 12. Jahrhundert zurück.

ringen den Löwen der Landgrafen im Wappen.

Die nach dem Vornamen ihrer erstgeborenen männlichen Vertreter bezeichneten Ludowinger stammten aus dem Fränkischen und hatten sich unter Ludwig dem Bärtigen um 1040 im Raum Friedrichroda angesiedelt. Seinem Sohn Ludwig dem Springer, legendärer Gründer der Wartburg, der Neuenburg und des Klosters Reinhardsbrunn, gelang der Ausbau der verstreuten Herrschaftskomplexe in Thüringen. Durch Erbschaft erreichte wiederum sein Sohn Ludwig die Ausdehnung des Besitzes nach Hessen.

1131 wurde dieser als Ludwig I. mit der vom Kaiser neu geschaffenen Würde der Landgrafen von Thüringen belehnt. Bald zählten die Ludowinger zu den mächtigsten Reichsfürsten. Ludwig II. festigte die Bindung an das staufische Kaiserhaus durch die Heirat einer Halbschwester Friedrich Barbarossas. Unter Ludwig III. erreichte die Landgrafschaft im Zuge der Entmachtung des Welfenherzogs Heinrich der Löwe erhebliche Bedeutungszuwachs. Den glanzvollen Höhepunkt bildete die Regentschaft Hermanns I. Mit seinem Namen ist der sagenhafte „Sängerkrieg auf der Wartburg" von 1206/07 verbunden, Symbol für die am Landgrafenhof gepflegte ritterlich-höfische Adelskultur. Ludwig IV.

Die imposante Wartburg der Landgrafen von Thüringen zählt zum UNESCO-Weltkulturerbe.

der Heilige ist als Gemahl der heiligen Elisabeth in Erinnerung geblieben.

Die Erhebung von Ludwigs Nachfolger Heinrich Raspe zum deutschen König 1246 bedeutete allerdings keinen krönenden Gipfelpunkt. Nicht nur, dass sich Heinrichs Königtum gegen den Staufer Friedrich II. in keiner Weise durchsetzen konnte, schon 1247 erloschen die Ludowinger im Mannesstamm. Ein blutiger Erbfolgekrieg endete mit der Teilung der Landgrafschaft in eine hessische und thüringische Hälfte. Letztere fiel an die wettinischen Markgrafen von Meißen, Herrscher der späteren sächsischen Kleinstaatenherzogtümer.

Die Wartburg mit ihrem imposanten romanischen Palas erinnert freilich nicht nur an die sagenhaften Landgrafen. In den Fokus der Weltgeschichte geriet sie durch Martin Luthers Scheinentführung und Bibelübersetzung 1521/22. Spätestens mit dem Wartburgfest der Burschenschaften 1817 erlangte die Burg den Status eines nationalen Symbolortes. Im 19. Jahrhundert wurde sie auf Initiative von Großherzog Carl Alexander von Sachsen-Weimar-Eisenach aufwendig rekonstruiert und künstlerisch ausgestaltet. Die „deutscheste aller deutschen Burgen" rückte zum vielbesuchten Nationaldenkmal auf. Über alle politischen Zäsuren hinweg hat sich die Burg, seit 1922 betreut von der Wartburg-Stiftung, ihre Anziehungskraft bewahrt und gehört seit 1999 zum UNESCO-Weltkulturerbe.

Elisabeth von Thüringen ist bis heute eine der populärsten Heiligen in Europa. Die zahlreichen Sagen um die Landgräfin, die sich schließlich ganz dem christlichen Armutsideal ergab, wurden vor allem vom Sagensammler Ludwig Bechstein überliefert.

Die glanzvolle Landgrafschaft der Ludowinger fand in der Sagenwelt breiten Niederschlag. Wenn auch im Grenzbereich von verbriefter Geschichte und fantasievoller Erzählung angesiedelt, darf man die Landgrafen-Sagen ohne Zweifel zu den historischen Highlights Thüringens zählen. Einer der wichtigsten Sagensammler war der Meininger Schriftsteller und Bibliothekar Ludwig Bechstein. Mit seinem mehrfach aufgelegten „Thüringer Sagenbuch" von 1858 hat er maßgeblich die Überlieferung befördert. Unter den mehr als 400 Sagen zählt er die der Landgrafen „zum schönsten Poesiekranze, den das Thüringerland aufzuzeigen hat".

Wohl am nachhaltigsten in Erinnerung geblieben ist hierdurch die Gemahlin Landgraf Ludwigs IV., Elisabeth von Thüringen. Sie verdeutlicht als Tochter des Königs von Ungarn den hohen Rang der Landgrafen. Die Vierjährige kam 1211 an den Hof Hermanns I. auf der Wartburg. Elisabeth fiel schon bald durch ihre Neigung zu Askese und karitativem Wirken im Geiste des Franziskus von Assisi auf. Daran änderte sich auch nach der Hochzeit und dem Amtsantritt ihres Gatten als Landgraf nichts. Das fand am Hof viel Missbilligung, weil Elisabeth damit gegen die gesellschaftlichen Konventionen ihrer Zeit verstieß.

Die Landgräfin versuchte dennoch unbeirrt die Not des Volkes zu lindern. Nach dem frühen Tod ihres Mannes auf einem Kreuzzug 1227 verschrieb sie sich schließlich ganz dem Dienst an Armen und Kranken. Von der Wartburg durch Ludwigs Nachfolger Heinrich Raspe mit ihren Kindern vertrieben, folgte Elisabeth ihrem Beichtvater Konrad nach Marburg. Nach drei Jahren harter Arbeit in dem von ihr gegründeten Hospital verstarb sie bereits 1231.

Elisabeth galt schon den Zeitgenossen als Musterbild selbstlosen Christentums. Mit der raschen Heiligsprechung 1235 stieg sie zu einer der populärsten Heiligen Europas auf. Sie ist zugleich ein klassisches Beispiel dafür, wie sich die Sage mit viel Fantasie einer realen historischen Persönlichkeit angenommen hat. Das war natürlich auch Ludwig Bechstein bewusst: „Selten ward ein Menschenleben so von Poesie und Sage verklärt. Aus dem Kranze Elisabeths, der sich ihr in die Heiligenglorie verwandelte, pflückt die Geschichtsforschung manches Blatt, und legt es still beiseite; die Sagenforschung hat das schöne Vorrecht, jenen unsterblichen Kranz in voller Frische aufzubewahren."

Aus jenem Sagen-Kranze, der die von zahlreichen göttlichen Wundern begleitete Barmherzigkeit Elisabeths preist, ragt

Ein Fresko von Moritz von Schwind in der Elisabethgalerie des Palas der Wartburg von 1854 zeigt das Rosenwunder.

unter anderem das bekannte Rosenwunder heraus: Mit einem Korb voller Brot für die Armen in Eisenach wurde Elisabeth am Fuße der Wartburg von ihrem Gatten überrascht und zur Rede gestellt. Auf seine Frage nach dem Inhalt des Korbes antworte sie: ach, nur Blumen. Tatsächlich hatte sich das Brot unterdessen in Rosen verwandelt, worauf Ludwig IV. beschämt von dannen schlich.

1379 erhielt Erfurt das erste Gründungsprivileg für eine Universität im heutigen Deutschland. Dort holte sich auch Martin Luther sein akademisches Rüstzeug. Mit der Wiedergründung 1994 ist die Universität Erfurt zugleich die jüngste in Deutschland.

Erfurt ist Sitz der ältesten und jüngsten Universität Deutschlands. Das mag auf den ersten Blick wie ein paradoxer Werbeslogan klingen. Jene Feststellung verweist aber vielmehr auf die lange und wechselhafte Geschichte jener Hohen Schule an der Gera, der „Hierana". Sie gilt

Das Zepter der alten Universität gehört zu den besonderen Schätzen im Stadtmuseum „Haus zum Stockfisch".

mit ihrem päpstlichen Gründungsprivileg von 1379 als die älteste Universität vor Heidelberg (1385) und Köln (1388) – ein echtes historisches Highlight. An der mittelalterlichen Volluniversität wurde an allen vier üblichen Fakultäten gelehrt: Philosophie, Medizin, Jura und Theologie. Im 15. Jahrhundert gehörte die „Alma mater Erfordensis" zu den renommiertesten und meistbesuchten Universitäten Mitteleuropas.

Zugleich kann sich Erfurt aber auch der jüngsten deutschen Universität rühmen, dank ihrer Wiedergründung im Jahr 1994. Wie kam es hierzu? Zwischen dem spätmittelalterlichen Bildungszentrum, an dem Martin Luther von 1501 bis 1505 seine geistigen Grundlagen legte, und dem ambitionierten Reformprojekt der jüngsten Vergangenheit liegt viel Schatten bis hin zur Schließung der Universität durch die Preußen 1816. Aber ihr Andenken blieb stets lebendig, zumal in den 1950er-Jahren mit dem Philosophisch-Theologischen Studium, der Pädagogischen Hochschule und der Medizinischen Akademie wieder akademisches Leben in Erfurt einzog.

Die Universität Erfurt verbindet so jahrhundertealte Tradition mit lebendiger Gegenwart. Im Stadtbild verdichtet sich dies im historischen Hauptgebäude „Collegium maius" in der Altstadt und

Das Collegium maius war das Hauptgebäude der Universität Erfurt.

im modernen Campus an der Nordhäuser Straße. Auf Letzterem fusionierte die wiedergegründete Universität mit der dort seit 1953 ansässigen Pädagogischen Hochschule. Für das Nebeneinander von gestern und heute steht auch die einstige Heimstatt des bedeutenden Erfurter Humanistenkreises um „Poetenkönig" Helius Eobanus Hessus, der an den „Dunkelmännerbriefen" (1515/17) mitschrieb. Das 1968 von der Medizinischen Akademie gegründete Studentenzentrum Engelsburg trägt mit zum Flair der Hochschulstadt Erfurt bei, zu der auch die Fachhochschule mit ihrem modernen Campus in der Altonaer Straße gehört.

Und schließlich ist die Universität Erfurt eine echte Bürgeruniversität. Ihre Gründung ging zum einen vom Stadtrat der mächtigen Mittelaltermetropole aus, während die meisten anderen frühen Universitäten von Fürsten ins Leben gerufen wurden. Zum anderen gab die heutige Universitätsgesellschaft Erfurt den Anstoß für die Wiedergründung durch den Freistaat Thüringen. Jene 1987 gegründete DDR-Bürgerbewegung verlieh darüber hinaus auch der Friedlichen Revolution 1989 wichtige Impulse. Ein bleibendes Verdienst der heute als Förderer der Universität aktiven Gesellschaft ist die Initiative zur Wiedererrichtung des „Collegium maius". Das einstige Herzstück des „lateinischen Viertels" rund um die Michaelisstraße war bei einem Luftangriff 1945 zerstört worden. 2011 konnte hier das Kirchenamt der Evangelischen Kirche für Mitteldeutschland einziehen.

12 Folgenreiche Erbteilung
Die Leipziger Teilung der Wettiner 1485

Die Wettiner gehörten einst zu den mächtigsten Fürsten des Reiches. Die Leipziger Teilung 1485 brachte allerdings die Aufspaltung in eine ernestinische und albertinische Linie, von denen die historische Spur bis hin zu den Freistaaten Thüringen und Sachsen führt.

Die Wettiner herrschten im ausgehenden Mittelalter über weite Teile Mitteldeutschlands und bilden damit ein historisches Bindeglied der Bundesländer Sachsen, Sachsen-Anhalt und Thüringen. Ausgangspunkt dieses beeindruckenden Aufstiegs waren der Erwerb der Markgrafschaft Meißen 1089 und der Machtausbau in Sachsen gewesen. Nach dem Aussterben der Ludowinger hatten sie sich 1247/64 die Landgrafschaft Thüringen gesichert und bauten ihren Besitz im Lande weiter aus.

1423 erlangten die Wettiner mit dem Herzogtum Sachsen-Wittenberg sogar den prestigeträchtigen Status eines der sieben Kurfürsten des Reiches. Zusammen mit den Erzbischöfen von Mainz, Köln und Trier, dem König von Böhmen, Markgrafen von Brandenburg und Pfalzgrafen bei Rhein waren sie nunmehr für die Wahl des Kaisers verantwortlich. Die Wettiner führten fortan das Wappen des Herzogtums Sachsen mit dem neunmal Schwarz und Gold geteilten Schild mit grünem Rautenkranz.

Bei aller Machtfülle kam es allerdings nicht zur Festigung eines einheitlichen wettinischen Territorialstaates. Vielmehr spaltete die Leipziger Teilung zwischen den herzoglichen Brüdern Ernst und Albrecht 1485 den großen Länderkomplex dauerhaft in zwei Linien. Der jüngere Albrecht erhielt die Markgrafschaft Meißen, Gebiete um Leipzig sowie einen Landstreifen im nördlichen Thüringen bis hinter Bad Langensalza. Kurfürst Ernst übernahm das mit der Kurwürde verbundene Herzogtum Sachsen-Wittenberg, einen breiten Landstreifen bis nach Zwickau und ins Vogtland sowie die Gebiete in Thüringen um Altenburg, Weimar, Gotha, Eisenach und Coburg. Neben den Gebietsüberschneidungen verfügten beide gemeinsam u.a. über die wichtigen Einkünfte aus den Silberbergwerken des Erzgebirges.

Die Leipziger Teilung führte langfristig zu einer Schwächung der Wettiner. Zugleich handelt es sich um eine nachhaltige historische Zäsur, denn die Entwicklungslinie der ernestinischen und albertinischen Territorien führt bis hin zu den heutigen Freistaaten Thüringen und Sachsen. Den Albertinern gelang zwar nach dem Sieg im Schmalkaldischen Krieg 1547, der den Ernestinern die Kurwürde und alle nichtthüringischen Gebiete kostete, die Entwicklung des Kurfürstentums und späteren Königreichs Sachsen zu einem Territorialstaat mit der Residenz Dresden. Sachsen geriet jedoch nach dem glanzvollen Zeitalter Augusts des Starken immer wieder auf die Verliererseite der Geschichte und büßte im Laufe der Zeit zwei Drittel seines Territoriums ein.

In den einstigen ernestinischen Residenzen finden sich, wie hier in Weimar, viele sächsische Wappen.

Die Ernestiner splitterten gar ihren Besitz seit dem 16. Jahrhundert in zahlreiche Herrschaften auf, was zur Ausbildung der sprichwörtlichen Kleinstaatenwelt in Thüringen mit beitrug. Sie nannten sich fortan Herzöge von Sachsen und führten ebenso wie die albertinischen Kurfürsten von Sachsen das Wappen mit dem grünen Rautenkranz. Rasch musste man spezifizieren in Sachsen-Weimar, Sachsen-Gotha, Sachsen-Altenburg usw. Freilich gehörten die ernestinischen Herzöge aber auch zu den wichtigsten Schöpfern der einzigartigen Kulturlandschaft Thüringen. Mit einer sehr erfolgreichen Landesausstellung hat der Freistaat Thüringen 2016 in Weimar und Gotha jenes Fürstengeschlecht gewürdigt, das wesentlich zum Glanz des „Landes der Residenzen" beigetragen hat.

13 Urknall der Reformation
Martin Luther und Erfurt

Der Erfurter Student Martin Luther geriet 1505 bei Stotternheim in ein heftiges Gewitter. Dies gilt als „Urknall der Reformation", trat er doch wenig später als Mönch in das Erfurter Augustinerkloster ein und rang um seine theologischen Einsichten.

Am 17. Juli 1505 trat der 21-jährige Martin Luther durch die sogenannte Lutherpforte in der Comthurgasse in das Augustinerkloster ein. Er sollte sich dort, so Luther selbst, über Jahre der „strengsten Möncherei" unterwerfen. In der spätmittelalterlichen Metropole Thüringens mit ihren religiösen und gesellschaftlichen Spannungen hat der spätere Reformator wichtige Impulse erhalten. Sein Eintritt ins Augustinerkloster wird als entscheidender biografischer Wendepunkt angesehen, mit dem das Ringen um die theologischen Grundeinsichten der Reformation begann. Sie mündeten in die Überzeugung, dass der Mensch nur durch den Glauben an einen gnädigen Gott und nicht durch kirchliche Vermittlung, z.B. durch Ablassbriefe, oder durch gute Taten Erlösung erlange.

Das epochale Wirken Martin Luthers wäre also ohne seine Jugendzeit in Erfurt nicht denkbar. Dabei hatte ihn sein Vater zunächst mit ganz anderen Zielen an die Gera geschickt. 1501 ließ sich „Martinus Ludher ex Mansfeldt" an der Universität Erfurt immatrikulieren und bezog die Georgenburse in der Augustinerstraße. Nach dem Willen der Familie sollte er eine große Karriere etwa als Fürstenberater machen. An das Grundstudium der Philosophischen Fakultät schloss sich im Frühjahr 1505 das Studium an der Juristischen Fakultät an. Sie war das Prunkstück der „Alma mater Erfordensis", damals eine der größten und angesehensten Universitäten Deutschlands.

Bis heute rätseln die Gelehrten, was es mit dem nun folgenden „Stotternheimer Gewittererlebnis" vom 2. Juli 1505 auf sich hat. Sicher scheint, dass Luther dort in ein schweres Unwetter geriet und gelobt haben will, ein Mönch zu werden. Diesen Entschluss führte er zum Unwillen des Vaters zwei Wochen später tatsächlich aus. Über viele Generationen hinweg galt der Donner vor den Toren der Stadt Erfurt deshalb den Protestanten gewissermaßen als „Urknall der Reformation". Seit 1917 erinnert ein „Lutherstein" an den vermutlichen Ort des welthistorischen Geschehens.

Heutige Luther-Biografen machen freilich darauf aufmerksam, wie sehr das unstrittig Neue noch in vielerlei Hinsicht im Alten wurzelte. Sie betonen besonders den Umstand, dass sich der junge Luther noch gar nicht so auffällig als Mönch und aufstrebender Ordensfunktionär von seinen Zeitgenossen unterschieden habe. Vieles in der Überlieferung ist Selbststilisierung des reifen Wittenberger Reformators aus 20 oder 30 Jahren Abstand. Deshalb gilt es auch anachronistische Verweise auf den späteren Kirchenreformer zu vermeiden.

Der Lutherstein bei Stotternheim erinnert an das legendäre Gewittererlebnis Martin Luthers am 2. Juli 1505, den „Urknall der Reformation".

Dies alles schmälert aber keineswegs die Bedeutung Erfurts für das Wirken Luthers, in dessen weitgehend erhaltener Altstadt man in die Zeit des Studenten und Mönches abtauchen kann. Herzstück der Erinnerungskultur ist das Evangelische Augustinerkloster Erfurt, heute eine renommierte Tagungs- und Begegnungsstätte. Sie darf als „Keimzelle der Reformation" gelten. Viele weitere Orte können den Status einer Lutherstätte beanspruchen, etwa Luthers „Studentenwohnheim", die Georgenburse, das „Collegium maius" der Universität und die benachbarte Michaeliskirche. Immer wieder hat man auch Denkmale errichtet, vom Bronzestandbild des gestandenen Reformators auf dem Anger aus dem Jahre 1889 bis hin zur Bronzestatue des jungen Mönches an der Rathausfassade aus dem 500. Reformationsgedenkjahr 2017.

14 Dem Volk aufs Maul geschaut
Bibelübersetzung auf der Wartburg

Ein einfacher Raum als Geburtsstätte der deutschen Schriftsprache – als „Junker Jörg" getarnt, übersetzte der Reformator 1521 in der Burgvogtei der Wartburg die Bibel und gab damit der Kirchenerneuerung und der neuhochdeutschen Sprache entscheidende Impulse.

Eines der historischen Highlights in Thüringen ist zweifellos die Zeit als „Kernland der Reformation". Hier besaß Martin Luther seine biografischen Wurzeln, seine Familie stammte aus Möhra und Eisenach, wo das Lutherhaus Eisenach als authentischer Gedenkort und modernes Museum an den Schüler erinnert. 1501 bezog Luther die Erfurter Universität, 1505 machte er sich mit seinem Eintritt ins Erfurter Augustinerkloster auf den Weg zum Reformator, den er ab 1512 in Wittenberg konsequent zu Ende beschritt.

Nach dem später zum Auslöser der Reformation verklärten Anschlag der Thesen gegen den Ablasshandel an die Schlosskirche zu Wittenberg am 31. Oktober 1517 rückte der ernestinische Kurfürst Friedrich der Weise zum Schutz-

Die Lutherstube auf der Wartburg war Schauplatz der historischen Bibelübersetzung.

herrn Luthers auf, Professor an dessen noch junger Landesuniversität Wittenberg. Auf dem Reichstag zu Worms 1521, auf dem Luther vor Kaiser Karl V. seine Lehren nicht widerrief, wurde über ihn die Reichsacht verhängt.

Es folgte nun jene Episode, die über Jahrhunderte zum Kernbestand des protestantischen Welt- und Geschichtsbildes gehörte: die Scheinentführung Luthers auf die Wartburg bei Eisenach. Der einst glanzvolle Sitz der Landgrafen von Thüringen gehörte seit 1247/64 den Wettinern bzw. seit der Leipziger Teilung 1485 dem ernestinischen Familienzweig. Der in Lebensgefahr schwebende Geächtete wurde am Abend des 4. Mai 1521 auf dem Heimweg von Worms nahe Schloss Altenstein bei Bad Liebenstein von Friedrichs Soldaten „entführt". Bis zum 1. März 1522 hielt sich Luther, als „Junker Jörg" getarnt, auf der Burg auf.

Der Theologe übersetzte hier innerhalb von zehn Monaten das Neue Testament ins Deutsche, dem 1534 die vollständige „Lutherbibel" folgte. Hiermit legte er eine wesentliche Grundlage für die Ausbreitung seiner Vorstellungen, in denen der Bibel als zentraler Glaubensquelle oberste Priorität zukam. Zugleich wird der Bibelübersetzung eine wichtige Rolle bei der Durchsetzung einer neuhochdeutschen Sprache zugeschrieben. Dies wurde vom Buchdruck und von prominenten Künstlern wie Lucas Cranach dem Älteren erheblich befördert. Zum wichtigsten Erinnerungsort für all dies wurde die „Lutherstube" in der Burgvogtei, heute ein Muss bei jeder Wartburg-Besichtigung.

Luther hat später im „Sendbrief vom Dolmetschen" (1530) die Grundgedanken seiner Übersetzertätigkeit festgehalten. Es gelte die antiken Texte in „gutes Deutsch" zu übertragen. Man müsse die

Lucas Cranach der Ältere portraitierte Luther als „Junker Jörg" auf der Wartburg.

„Mutter im Hause, die Kinder auf der Gasse, den einfachen Mann auf dem Markt danach fragen und denselben auf das Maul schauen, wie sie reden, und danach übersetzen; da verstehen sie es dann und merken, dass man deutsch mit ihnen redet." Jene sprachgewaltige und volksnahe Bibelübersetzung Luthers ist ein wichtiger Grund, warum die Wartburg heute zum UNESCO-Weltkulturerbe zählt. Hinzu kommen das Andenken an die glanzvolle Landgrafenzeit, an die heilige Elisabeth und an das Wartburgfest der Burschenschaften 1817. So hat man die im 19. Jahrhundert im romantischen Zeitgeist rekonstruierte „Lutherburg" auch als „deutscheste aller deutschen Burgen" bezeichnet, die den Rang eines Nationaldenkmals besitzt.

Bauernkrieg in Bad Frankenhausen

Ein gewaltiges Wandgemälde ziert das Panorama Museum Bad Frankenhausen, das an die Entscheidungsschlacht des Bauernkrieges 1525 erinnert. Werner Tübke stellte damit Reformation und Bauernkrieg als Frühbürgerliche Revolution in vielschichtiger und monumentaler Weise dar.

Martin Luther hatte im Zusammenspiel mit den ernestinischen Fürsten Thüringen zu einem Zentrum der Reformation gemacht. Die von ihm angefachte Aufbruchsstimmung ging freilich weit über seine Intentionen hinaus. Radikale Kräfte forderten soziale Konsequenzen und fanden damit breiten Zulauf. Luthers Wittenberger Professorenkollege Andreas Bodenstein, genannt Karlstadt, versuchte seine Vorstellungen 1523/24 in Orlamünde als Pfarrer umzusetzen, worauf er des Landes verwiesen wurde. Aus einem anderen anfänglichen Mitstreiter

erwuchs Luther der erbittertste Gegenspieler: Thomas Müntzer.

Der in Stolberg im Harz gebürtige Theologe gehörte vermutlich seit 1517 zum Umfeld der Wittenberger Reformatoren und war auf Empfehlung Luthers in Zwickau und Allstedt als Prediger tätig. Allmählich entwickelte Müntzer jedoch eine von Luther abweichende Theologie, in der die persönliche Erfahrung des göttlichen Geistes im Mittelpunkt stand. Das Propagieren einer von weltlicher Herrschaft befreiten christlichen Gemeinschaft brachte ihn in Konflikt mit der

Obrigkeit. Müntzers „Fürstenpredigt" im Allstedter Schloss 1524 vor Herzog Johann dem Beständigen und Kurprinz Johann Friedrich sorgte für den Bruch. Seine revolutionäre Theologie widersprach Luthers „Zweireichelehre", in der der weltlichen Obrigkeit unbedingter Gehorsam zusteht. Die beiden Reformatoren griffen sich nun gegenseitig als „Satan von Allstedt" und „sanftlebendes Fleisch von Wittenberg" unversöhnlich an.

Mit seiner radikalen Theologie fand Müntzer großen Anklang beim „gemeinen Mann". 1524 ließ er sich in der Reichsstadt Mühlhausen nieder, wo ein „Ewiger Rat" die Patrizier entmachtete. Als sich 1525 in weiten Teilen Thüringens Bauernhaufen gegen Adel und Klerus erhoben, stellte sich Müntzer an deren Spitze. Am 15. Mai 1525 unterlagen die Bauern in der Entscheidungsschlacht bei Frankenhausen gegen die militärisch überlegenen Truppen Landgraf Philipps von Hessen und Herzog Georgs von Sachsen. Bis zu 6.000 Bauern sollen bei dem blutigen Gemetzel den Tod gefunden haben. Müntzer wurde gefangen genommen und in der Wasserburg Heldrungen unter Folter verhört. Schließlich richtete man ihn vor den Toren Mühlhausens hin.

Thüringen wurde so zu einem Hauptschauplatz jener vielschichtigen sozial- und geistesgeschichtlichen Prozesse am Beginn der Neuzeit, für die die DDR-Geschichtsschreibung unter Verbindung von Reformation und Bauernkrieg den Begriff der Frühbürgerlichen Revolution geprägt hat. Seit 1989 erinnert hieran auf dem einstigen Schlachtfeld eines der beeindruckendsten Museen Deutschlands. Im Panorama Museum Bad Frankenhausen wird das gewaltige Wandbild des Leipziger Malers Werner Tübke „Frühbürgerliche Revolution in Deutschland" gezeigt. Es ist 14 Meter hoch, misst 123 Meter im Umfang und zeigt über 3.000 Figuren in 75 Schlüsselszenen. Die einzigartige „Sixtina des Nordens" bietet weit über das historische Ereignis hinaus ein vielschichtiges allegorisches Bildprogramm, das sich kaum mit einem einmaligen Museumsbesuch erfassen lässt.

Wandgemälde von Werner Tübke „Frühbürgerliche Revolution in Deutschland" im Panorama Museum Bad Frankenhausen.

16 Heiliger Berg des Eichsfeldes
Der Hülfensberg

Der jahrhundertealte Hülfensberg bei Geismar im Eichsfeld verkörpert das katholische Thüringen. In der DDR-Zeit im Grenzgebiet gelegen, ist er heute wieder ein viel besuchter Wallfahrtsort mit Franziskanerkloster, Wallfahrtskirche und Konrad-Martin-Kreuz.

Thüringen gilt weithin als „Kernland der Reformation", in dem sich viele herausragende Wirkungsorte Martin Luthers finden. Die ernestinischen Kurfürsten und Herzöge, die Fürsten der Schwarzburger und Reußen sowie die beiden Reichsstädte Mühlhausen und Nordhausen nahmen die neue Lehre gerne an, die ihnen durchaus auch eine Reihe von weltlichen Vorteilen bot. Aufgelöste Klöster und Kirchengüter fielen an die Obrigkeit, die evangelische Kirche wurde ein fest integrierter Teil der neuzeitlichen Staatlichkeit.

Allerdings konnte der Katholizismus einige Positionen im Lande behaupten. Diese finden sich vor allem im einstigen Herrschaftsbereich des Erzbischofs von Mainz: in Erfurt und im Eichsfeld. In der Metropole Thüringens bildete sich eine weithin einzigartige Bikonfessionalität aus, die Protestanten und Katholiken über Jahrhunderte Tür an Tür wohnen ließ. Dies war wohl auch ein Grund dafür, dass 2011 das erste ökumenische Spitzentreffen von Papst Benedikt XVI. mit dem EKD-Ratsvorsitzenden Nikolaus Schneider im Erfurter Augustinerkloster stattfand.

Während die Katholiken in Erfurt seit der Reformation eine Minderheit blieben, haben sie das Eichsfeld bis heute deutlich geprägt. Mit Rückendeckung des mäch-

tigen Erzbischofs und Kurfürsten vom Rhein konnte im späten 16. Jahrhundert die Gegenreformation weitgehend durchgesetzt werden. So mag es einen gewissen Symbolcharakter tragen, wenn heute der Landrat des thüringischen Eichsfeld-Kreises in Heiligenstadt im „Mainzer Schloss" residiert, einst Sitz der kurmainzischen Statthalter.

Auch die Zeit als Provinz des protestantischen Königreiches Preußen seit 1802/15, der Kulturkampf des Kaiserreiches in den 1870er-Jahren und die beiden kirchenfeindlichen Diktaturen des 20. Jahrhunderts vermochten das lebensweltlich fest verankerte katholische Milieu nicht zu erschüttern. Dieses verbindet sich traditionell mit einem ausgeprägten Regionalbewusstsein, das sich bis zur erstmaligen Erwähnung des Eichsfeldes im späten 9. Jahrhundert zurückverfolgen lässt.

Als einer der Symbolorte des Eichsfeldes, das teils weit über den heutigen Landkreis hinaus auch in die Nachbarländer Hessen und Niedersachsen reicht, gilt der Hülfensberg. Er ist seit dem Spätmittelalter ein wichtiger Wallfahrtsort mit der Erlöserkirche St. Salvator. Neben dem Frauenwallfahrtsort Kerbscher Berg und dem Männerwallfahrtsort Klüschen Hagis bei Dingelstedt steht der Hülfensberg für die lebendige katholische

Der Hülfensberg erhebt sich über die malerische Hügellandschaft des Eichsfeldes mit seinen vielen Klöstern und Burgen.

Tradition. Seit 1860 beherbergt er einen Konvent des Franziskaner-Bettelordens. In der Überlieferung wird hier zudem wie in Erfurt und einigen anderen Orten die sagenhafte Fällung der Donar-Eiche durch den Missionar Bonifatius verortet, woran die 1903 errichtete Bonifatiuskapelle erinnert.

Das 1933 errichtete 18,6 Meter hohe Konrad-Martin-Kreuz ist dem in Geismar gebürtigen Paderborner Bischof aus der Zeit des Kirchenkampfes der Ära Bismarck gewidmet. Vom Aussichtspunkt am Fuße des nachts beleuchteten Kreuzes bietet sich ein grandioser Rundblick. Der unmittelbar an der hessisch-thüringischen Grenze gelegene Hülfensberg ist seit dem Fall der innerdeutschen Grenze 1989 auch wieder ein beliebtes Ausflugsziel in der malerischen Hügellandschaft des Eichsfeldes mit ihren vielen Klöstern und Burgen.

17 Macht und Elend der Protestanten
Der Schmalkaldische Bund

Kurfürst Johann Friedrich der Großmütige war zwar der große Verlierer des Schmalkaldischen Krieges 1546/47 gegen Kaiser Karl V. und Herzog Moritz von Sachsen, machte aber die Ernestiner auch zu Bewahrern des Luthertums.

Unter den Kurfürsten Friedrich der Weise (reg. 1486–1525), Johann der Beständige (reg. 1525–1532) und Johann Friedrich der Großmütige (reg. 1532–1547) zählte der ernestinische Staat mit den glanzvollen Residenzen Wittenberg, Torgau und Weimar zu den angesehensten des Reiches. Sachsen wurde vor allem zur Schutzmacht der 1517 in Wittenberg einsetzenden Reformation. Ohne die Unterstützung der Kurfürsten hätte das Gedankengut Martin Luthers kaum seine weltgeschichtliche Wirkungskraft entfalten können.

Zudem übten Johann und Johann Friedrich neben dem hessischen Landgrafen Philipp I. im Schmalkaldischen Bund der protestantischen Reichsstände von 1531 eine Führungsrolle aus. Während Friedrich der Weise eher diplomatisch agierte und sich erst auf dem Sterbebett zum Protestantismus bekannt hatte, waren sein Bruder und Neffe von Beginn an eifrige Verfechter der Lehren Luthers. So widmete der Reformator seine für die „Zweireichelehre" wegweisende Schrift „Von weltlicher Obrigkeit" (1523) dem seinerzeit noch in Weimar residierenden Herzog Johann.

Auf die drohende Auseinandersetzung mit den Katholiken bereitete sich Kursachsen durch eine rasante Aufrüstung vor. Kurfürst Johann sah zugleich die Notwendigkeit eines militärischen Bündnisses und lud Ende 1530 protestantische Fürsten und Reichsstädte nach Schmalkalden ein. Aus diesen Beratungen ging der Vertrag vom 27. Februar 1531 über den Schmalkaldischen Bund hervor, unterzeichnet von den meisten protestantischen Reichsständen. Große Bundestagungen wie 1537, zu denen auch die führenden Theologen um Martin Luther herangezogen worden waren, machten Schmalkalden zu einem Machtzentrum des Protestantismus. Hieran erinnern die Ausstellung im Museum Schloss Wilhelmsburg, einem der prächtigsten Renaissanceschlösser Deutschlands, und viele authentische Orte in der malerischen Fachwerkstadt am Westhang des Thüringer Waldes.

Allerdings kostete die Führungsstellung im protestantischen Militärbündnis den Ernestinern im Schmalkaldischen Krieg 1546/47 ihre Machtstellung. Nach der Niederlage gegen Kaiser Karl V. und Herzog Moritz von Sachsen in der Schlacht bei Mühlberg an der Elbe am 24. April 1547 gingen die Kurwürde, alle nichtthüringischen Gebiete und gemeinsamen Erträge an die Albertiner über. Diesen gelang im Weiteren die Entwicklung des Kurfürstentums Sachsen zu einem einheitlichen Territorialstaat mit der prachtvoll ausgebauten Residenz Dresden.

Im Museum Schloss Wilhelmsburg wird an den Schmalkaldischen Bund erinnert.

Während Herzog bzw. Kurfürst Moritz vielen als „Judas von Meißen" galt, der Verwandtschaft und Konfession um des Machtgewinns verleugnet habe, wird sein unterlegener Vetter Johann Friedrich der Großmütige als integre Persönlichkeit und glaubensfester Protestant dargestellt. Hiervon ausgehend sahen sich die Ernes-tiner in Thüringen fortan auch als die eigentlichen Bewahrer des Luthertums. Die Albertiner dagegen behandelten die-ses Erbe recht wankelmütig und schlugen es schließlich sogar mit der Konversion Augusts des Starken zum Katholizismus als Tribut für die polnische Königskrone 1697 ganz aus.

18 Das Land der Residenzen
Die Thüringer Kleinstaatenwelt

Die Fürstenhäuser der Ernestiner, Schwarzburger und Reußen prägten mit ihren Kleinstaaten über Jahrhunderte Thüringen. Sie formten eine einmalig dichte Kulturlandschaft, aus der die zahlreichen Residenzstädte herausragen.

Die wettinischen Kurfürsten von Sachsen herrschten einst über einen mächtigen mitteldeutschen Länderkomplex. Ausgehend von der Markgrafschaft Meißen, hatten sie sich auch in Thüringen nach dem Beerben der Landgrafen 1247 als stärkste Kraft etablieren können. Die Leipziger Teilung 1485 führte allerdings zur Aufspaltung in eine ernestinisch-thüringische und albertinisch-sächsische Linie. Die seit 1547 allein auf Thüringen beschränkten ernestinischen „Herzöge von Sachsen" splitterten ihren Besitz fortan in bis zu zehn Herrschaften auf. Nach 1826 bestanden schließlich das Großherzogtum Sachsen-Weimar-Eisenach sowie die Herzogtümer Sachsen-Coburg und Gotha, Sachsen-Meiningen und Sachsen-Altenburg.

Neben den Ernestinern gelang es zwei weiteren alten Adelsgeschlechtern, sich als reichsfürstliche Landesherren zu etablieren. Auch die Reußen in Ostthüringen hatten ihre Ländereien zeitweise in zahlreiche Kleinstgebilde aufgeteilt. Seit 1848 bestanden die Fürstentümer Reuß ältere Linie mit der Residenz Greiz und Reuß jüngere Linie mit Gera. Der Besitz der Schwarzburger, benannt nach ihrem imposanten Stammsitz im Thüringer Schiefergebirge, unterteilte sich seit 1599 in die Linien Schwarzburg-Sondershausen und Schwarzburg-Rudolstadt. Nur im 17. Jahrhundert kam es zur kurzzeitigen

Bildung von Nebenlinien. Zu den fürstlichen Herrschaften kamen die Reichsstädte Mühlhausen und Nordhausen, das hessische Schmalkalden, die Ländereien des Kurfürsten von Mainz mit Erfurt und dem Eichsfeld sowie albertinische Gebiete.

Während sich die Kleinstaaten über alle Flurbereinigungen bis 1918/20 hinüberretten konnten, gingen die übrigen Gebiete 1815 im Königreich Preußen auf. Thüringen war nun zweigeteilt in einen kleinstaatlichen und einen preußischen Bereich mit dem Regierungsbezirk Erfurt. 1920 schlossen sich die sieben verbliebenen Kleinstaaten außer Coburg zum Freistaat Thüringen zusammen, 1945 erfolgte die Fusion mit dem preußischen Landesteil. 1952 in die DDR-Bezirke Erfurt, Gera und Suhl aufgeteilt, entstand mit der deutschen Wiedervereinigung 1990 das Bundesland Thüringen.

Die sprichwörtliche Kleinstaaterei veranlasste einst nicht nur den preußischen Historiker Heinrich von Treitschke, in seinem vielgelesenen Buch „Deutsche Geschichte im neunzehnten Jahrhundert" (1882) zwar die kulturellen Verdienste Thüringens zu würdigen, zugleich aber dessen Zersplitterung zu geißeln: „Unsere Cultur verdankt ihnen unsäglich viel, unser Staat gar nichts." Heute sieht man dies anders. Die Kleinstaaten haben dem deutschen National-

Das Schloss Heidecksburg thront über der einstigen schwarzburgischen Residenzstadt Rudolstadt.

staat so manchen Impuls auch in Politik, Wirtschaft und Wissenschaft verliehen. Insbesondere aber haben sie Thüringen ein einzigartiges Gepräge als Kulturland gegeben. Heraus ragen buchstäblich als historische Highlights die Schlösser der Residenzstädte, angefüllt mit Kunstschät-zen und eingebettet in parkumsäumte Ensembles von Palais, Orangerien und Marställen, von Theatern, Museen, Bibliotheken und Archiven. Thüringen verfügt damit als „Land der Residenzen" über die größte Dichte an fürstlichen Repräsentationsbauten in Deutschland.

19 Stolze Reichsstädte
Mühlhausen und Nordhausen

Mühlhausen und Nordhausen waren über Jahrhunderte freie Reichsstädte. Im Dreistädtebund mit der autonomen Metropole Erfurt trotzten sie den Fürsten im Land der Residenzen. Hiervon zeugen noch heute bedeutende Kulturdenkmale wie der Roland in Nordhausen und die Stadtmauern in Mühlhausen.

Mühlhausen und Nordhausen, die beiden größten Städte Nordthüringens, verbindet eine lange gemeinsame Geschichte. Die ottonischen Königspfal-

Der Roland am Rathaus von Nordhausen symbolisiert die einstige Reichsstadt.

zen des 10. Jahrhunderts entwickelten sich zu freien Reichsstädten, die allein dem König bzw. Kaiser untergeordnet waren. Die Macht gelangte bis Ende des 13. Jahrhunderts aus den Händen königlicher Beamter an die wohlhabende Bürgerschaft mit einem Rat an der Spitze. Dank regen Handels und Gewerbes blühten beide Städte auf, was sich im Stadtbild noch immer ablesen lässt. Neben Rathaus, imposanten Kirchen und Bürgerhäusern stehen besonders die Stadtmauern mit ihren Toren und Türmen für die wehrhafte Selbstständigkeit. In Mühlhausen ist ein Teil des weitgehend erhaltenen Mauerrings heute museal erschlossen.

Im Thüringer Dreistädtebund mit der autonomen Metropole Erfurt bildeten die freien Bürgergemeinden während ihrer Blütezeit im 14. und 15. Jahrhundert einen ernsthaften Machtfaktor. Der Bund wurde 1304 erstmals gegründet und bestand bis 1481. Sein Hauptziel war die Wahrung der Eigenständigkeit gegenüber den Fürsten der Region. Vor allem von den mächtigen Wettinern als Nachfolgern der ludowingischen Landgrafen ging Gefahr aus. Zugleich war der Erzbischof von Mainz bestrebt, seine thüringischen Besitzungen auszubauen und den Einfluss auf Erfurt nicht gänzlich zu verlieren. Natürlich

Große Teile der Mühlhäuser Altstadt sind noch von der Stadtmauer mit ihren Toren und Türmen umgeben.

hatten die drei Handelsstädte, alle Mitglieder der Hanse, auch ihre wirtschaftlichen Interessen im Blick.

Die große Zeit der Reichsstädte und autonomen Kommunen war jedoch mit dem ausgehenden Mittelalter vorbei. Der Dreißigjährige Krieg beschleunigte diese Entwicklung, worauf Erfurt 1664 seine Unabhängigkeit vom Mainzer Erzbischof verlor. Dennoch blieb, wenn auch eher im Sinne malerischer Beschaulichkeit eines Carl Spitzweg, die Selbstständigkeit der Reichsstädte Mühlhausen und Nordhausen im Rahmen des alten Kaiserreiches erhalten. Die Nordhäuser unterstrichen dies 1717 noch einmal mit ihrem überlebensgroßen Roland aus Eichenholz als Symbol des Reichsstadtstatus. Das Original findet sich heute im Rathaus, eine Kopie erstrahlt farbenfroh mit Krone, Schwert und Reichswappen vor dem Gebäude. 1802 kam jedoch für beide Städte im Strudel der Napoleonischen Zeit das Ende als Reichsstadt und der Anschluss an Preußen, bei dem man bis 1945 verblieb.

Während Nordhausen im April 1945 durch verheerende Luftangriffe stark zerstört wurde, konnte Mühlhausen sein historisches Stadtbild weitgehend bewahren. Dank großer Sanierungsanstrengungen nach 1990 bilden heute wieder beide Städte touristische Anziehungspunkte. Auch die Erinnerungskultur bewegt sich auf einem hohen Niveau. Der 2011 begründete Mühlhäuser Arbeitskreis für Reichsstadtgeschichte zählt zu den renommierten wissenschaftlichen Einrichtungen in Deutschland, die beiden Stadtarchive sind unerschöpfliche Fundgruben für Historiker, die Mühlhäuser Museen und Nordhäuser Museen machen die Vergangenheit lebendig. Aber auch schon ein Spaziergang durch die Altstädte und über die Stadtmauern führt zurück in die Zeit der stolzen Reichsstädte.

20 Der Palmenorden
Die Fruchtbringende Gesellschaft

Förderung der Dichtkunst und Erhalt der deutschen Sprache: Das waren die ehrenwerten Ziele der 1617 in Weimar gegründeten Fruchtbringenden Gesellschaft. Dem Palmenorden, wie sie nach ihrem Emblem auch genannt wurde, gehörten Adelige, Gelehrte und so bedeutende Barockdichter wie Martin Opitz und Andreas Gryphius an.

Ein gutes Jahrhundert vor seinem berühmten Nachfolger Carl August, der Goethe nach Weimar holte, ging Herzog Wilhelm IV. von Sachsen-Weimar in die Annalen der deutschen Literaturgeschichte ein. In Erinnerung geblieben ist er als Mitinitiator und Oberhaupt der Fruchtbringenden Gesellschaft. Jene 1617 in Weimar gegründete Vereinigung, die als bedeutendste barocke Sprachgesellschaft gilt, hatte sich nach dem Vorbild Italiens die Pflege der deutschen Sprache zur Aufgabe gemacht.

Sie zielte aber auch auf die Stärkung des Nationalbewusstseins ab, das sich seit Beginn der Neuzeit um 1500 auszuprägen begann. Politische Ambitionen Wilhelms und des Gesellschaftsoberhauptes Fürst Ludwig von Anhalt, etwa in Form des Deutschen Friedbundes (1622/23), trugen zwar keine Früchte. Sie zeigen aber die Vision einer durch Sprache, Religion und Staat geeinten Nation. Dem

Das Weimarer Residenzschloss war Sitz der Fruchtbringenden Gesellschaft.

Palmenorden gehörten Adelige, darunter zahlreiche thüringische Fürsten, bürgerliche Gelehrte und die meisten bedeutenden Barockdichter wie Martin Opitz, Andreas Gryphius, Friedrich von Logau und Philipp von Zesen an.

Seit 1651 stand der kulturell sehr aufgeschlossene Wilhelm an der Spitze der nun in Weimar ansässigen Gesellschaft. Sie war nach dem Tode Ludwigs von Anhalt mit ihrer „Geschäftsstelle" samt Siegel und Erzschrein an die Ilm umgezogen. 1653 holte Wilhelm den Dichter Georg Neumark als Sekretär der Gesellschaft sowie Bibliothekar und Hofdichter nach Weimar. Zwischen Wilhelm und Neumark entwickelte sich ein ähnlich fruchtbares Verhältnis wie später zwischen Carl August und Goethe. Neumark belebte die Arbeit der Gesellschaft noch einmal maßgeblich und verfasste eine ausführliche Chronik der „Hochlöblichen Fruchtbringenden Gesellschaft" (1668). Die Gesellschaft entfaltete eine groß angelegte Übersetzungstätigkeit und Sprachpflege. Der aus Erfurt stammende Dichter und Gelehrte Kaspar Stieler legte 1691 das erste große Wörterbuch der deutschen Sprache vor.

Nach dem Tod Herzog Wilhelms 1662 und dem Ausscheiden Neumarks aus seiner Leitungstätigkeit verlor die Gesellschaft rasch an Bedeutung und löste sich 1680 auf. Ihr Hauptziel, das Deutsche in Literatur und Wissenschaft aus dem Schatten der modischen Fremdsprachen, insbesondere des Französischen, und der noch immer vorherrschenden Gelehrtensprache Latein hervorzuziehen, konnte die Gesellschaft nicht erreichen. Dies sollte sich jedoch im bald anbrechenden Zeitalter der Aufklärung ändern. Mit der Weimarer Klassik der „Goethezeit" bewegte sich das Deutsche endgültig auf Augenhöhe mit den großen Literatursprachen Europas.

Das Logo der Fruchtbringenden Gesellschaft zierte eine Palme, nach der sie auch als Palmenorden bezeichnet wurde.

21 Der fromme Herzog
Herzog Ernst der Fromme und Gotha

Herzog Ernst I. begründete in Gotha 1640 einen protestantischen Musterstaat. Er gab Religion, Bildung und Kultur wichtige Impulse. Monumentalste Hinterlassenschaft des tiefreligiösen Herzogs ist das beeindruckende Schloss Friedenstein, der größte frühbarocke Schlossbau in Deutschland.

Die thüringischen Kleinstaatenfürsten haben der Kulturgeschichte bedeutende Impulse verliehen. Beispielhaft hierfür steht Herzog Ernst I., der Fromme. Er machte 1640 Gotha zur Residenz des Herzogtums Sachsen-Gotha, das 1672 zu Sachsen-Gotha-Altenburg vergrößert wurde. Weit ins Land hinaus sichtbarer Mittelpunkt wurde Schloss Friedenstein in Gotha mit seiner strahlend weißen Fassade. Der Name war Programm und sollte für einen Aufbruch in jener dunk-

len Zeit des Dreißigjährigen Krieges (1618–1648) stehen.

Die Architektur des Schlosses wurde ganz auf seine Funktionen ausgerichtet: Der Nordflügel war den Wohn- und Staatsräumen der Herzöge einschließlich der Hofkirche vorbehalten. Die Seitenflügel dienten unter anderem Gästen als Unterkunft. An ihrem südlichen Ende schlossen sich die beiden markanten Türme für Repräsentation und Kultur an. Schloss Friedenstein gilt damit als vor-

bildlich für den Residenzbau des Barock. Die Stiftung Schloss Friedenstein und die Stiftung Thüringer Schlösser und Gärten pflegen gemeinsam dieses Erbe und die zahllosen Kulturschätze, die Ernst und seine Nachfolger zusammentrugen. Die Museen im Schloss zählen so zu den historisch-touristischen Highlights in Thüringen.

Ernst der Fromme gab der Entwicklung des Landes viele wichtige Anstöße. Durchdrungen von tiefer Religiosität, sah er seine Aufgabe darin, für das Seelenheil der Untertanen zu sorgen. Das gottgefällige Leben der Landeskinder wurde bis in den Alltag hinein geregelt und intensiv überwacht. Zugleich sollte der Bildungsgrad erhöht werden. Mit einer Schulordnung von 1642 regelte Sachsen-Gotha als eines der ersten deutschen Länder verbindlich den Schulbesuch.

Ernst sah sich auch dem Selbstverständnis der Ernestiner als Bewahrer des Luthertums verpflichtet. Auf ihn geht

etwa der herausragende Bestand reformationsgeschichtlicher Handschriften und Drucke zurück. Über Jahrhunderte ausgebaut und wissenschaftlich gepflegt, gilt die heutige Forschungsbibliothek Gotha der Universität Erfurt als Gedächtnis der Reformation, die freilich auch Schätze aus vielen anderen Epochen zu bieten hat.

Auf dem von Ernst gelegten Fundament aufbauend, blieb Sachsen-Gotha-Altenburg bis ins späte 18. Jahrhundert das bedeutendste ernestinische Herzogtum noch vor Weimar. Zwischenzeitlich wurde es freilich auch von der bisweilen grotesken Teilungspraxis der Ernestiner erfasst. Ernsts Sohn Friedrich I. musste das Territorium 1680 mit seinen sechs Brüdern teilen. Neben Sachsen-Gotha-Altenburg gab es nun auch Sachsen-Coburg, -Meiningen, -Römhild, -Eisenberg, -Hildburghausen und -Saalfeld.

Seine letzte Ruhestätte fand Ernst der Fromme in der Margarethenkirche. 1728 ließ sein Enkel Friedrich II. dort ein repräsentatives Epitaph errichten. Seit 1904 steht der Begründer des Gothaer Herzogtums auch in Bronze gegossen vor Schloss Friedenstein mit Blick auf die Altstadt. Die Bürger Gothas hatten das Monument mit Unterstützung des Herzogshauses und Kaiser Wilhelms II. dem „Musterbild eines deutschen evangelischen Landesfürsten" gewidmet. Das eher ungewöhnliche Standbild mit der Bibel in der Hand – meist wurden Fürsten hoch zu Ross und mit militärischen Attributen dargestellt – symbolisiert die großen Verdienste für Religion, Bildung und Kultur.

Der Friedenstein gilt als größtes frühbarockes Schloss in Deutschland.

22 Stürmischer Beginn
Johann Sebastian Bach in Thüringen

Johann Sebastian Bach startete seine Karriere in seiner Heimat Thüringen. Der gebürtige Eisenacher, der einmal weltberühmt werden sollte, bekam seine ersten Organistenstellen in Arnstadt und Mühlhausen und stieg in Weimar zum herzoglichen Hoforganisten und Konzertmeister auf.

Der große Barockmusiker und Komponist Johann Sebastian Bach steht für einen der Höhepunkte protestantischer Musikkultur. Aus einer weitverzweigten thüringischen Musikerfamilie stammend, nahm der spätere Leipziger Thomaskantor die ersten Schritte auf der Karriereleiter in seiner näheren Heimat. Die „Bache" lassen sich bis ins 16. Jahrhundert zurückverfolgen, als ihr Stammort gilt Wechmar bei Gotha. Johann Sebastian, dessen Eltern aus Erfurt stammten, wurde 1685 in Eisenach geboren. Hieran erinnert das Bachhaus Eisenach als eines der renommiertesten Musikermuseen Deutschlands.

Der junge Mann bekam als Organist in Arnstadt (1703–1707) und Mühlhausen (1707/08) erste Anstellungen. Seine heute viel besuchten Wirkungsstätten waren die Bachkirche (Neue Kirche) in Arnstadt und die Divi-Blasii-Kirche in der damaligen Reichsstadt Mühlhausen. Allerdings führten das jugendliche ungestüme Temperament und die musikalischen Ambitionen Bachs rasch zu Verwerfungen mit seinen Arbeitgebern. Hierauf deuten auch die originellen Denkmale in beiden Städten hin, die den jungen Mann in lässiger Pose sitzend (Arnstadt) und neben dem Denkmalsockel stehend (Mühlhausen) zeigen.

Länger sollte es der nunmehr etwas gesetztere Familienvater in der Residenzstadt Weimar aushalten. Schon 1703 hatte Bach kurzzeitig als Violinist in der Privatkapelle des Mitregenten Johann Ernst von Sachsen-Weimar gewirkt. Am 14. Juli 1708 trat Bach seinen Dienst im Herrschaftssitz der ernestinischen Herzöge an. Bis 1717 war er hier als Hoforganist und Konzertmeister tätig. Einer seiner Arbeitsplätze war die Orgel in der Schlosskapelle der Wilhelmsburg, die „Himmelsburg". So wurde die über drei Etagen hochaufragende Kapelle genannt, über der unter dem Dach die Orgel untergebracht war.

Die Weimarer Jahre wurden beruflich und privat eine erfüllte Zeit. Der 23-jährige Musiker steckte voller Tatendrang. Er schrieb einen großen Teil seines Orgelwerkes, über 30 Kantaten und zahlreiche Cembalowerke. Jene Schaffensphase sollte sein gesamtes Werk wesentlich prägen. In der Wohnung am Markt entfaltete sich ein freudiges Familienleben. Zwei seiner später selbst als Musiker zu Rang und Namen gelangenden Söhne, Wilhelm Friedemann und Carl Philipp Emanuel, sowie vier weitere Kinder erblickten hier das Licht der Welt. An das im Krieg zerstörte Bachhaus neben dem Hotel „Elephant" erinnern eine Gedenktafel und gegenüber das im 200. Todesjahr 1950 errichtete Bachdenkmal.

Das originelle Denkmal in Arnstadt zeigt den jungen Bach.

Obwohl sein Dienstherr den bereits weithin berühmten Organisten durchaus schätzte, schied Bach schließlich in „angezeigter Ungnade" aus Weimar. Die bisweilen schwierige Stellung der Musiker am Hofe und die Übergehung bei Beförderungen durch Herzog Wilhelm Ernst hatten seinen Abschiedswunsch Richtung Köthen an den anhaltinischen Hof beschleunigt. Ohne Wissen des Herzogs schloss er dort einen neuen Vertrag als Kapellmeister. Als Reaktion hierauf steckte Wilhelm Ernst den unbotmäßigen Untertanen kurzerhand für einen Monat in Arrest, ehe er Anfang Dezember 1717 Weimar verlassen durfte. Ort des Geschehens war vermutlich die Landrichterstube der Bastille, des bis heute erhaltenen Turmgebäudes neben dem Residenzschloss.

23 Dioskuren des „Goldenen Zeitalters"
Die Goethezeit in Weimar

Weimars Weg zum Weltkulturerbe begann mit dem „Goldenen Zeitalter" der Klassik. Deren Kern war das Zusammenwirken von Goethe und Schiller im malerischen „Ilm-Athen", denen seit 1857 eines der berühmtesten Denkmale weltweit gewidmet ist.

Einträchtig blicken die großen deutschen Nationaldichter Goethe und Schiller vom Sockel ihres 1857 eingeweihten Denkmals tagtäglich auf die zahllosen Touristen. Die beiden „Dioskuren" gelten als eines der bekanntesten Denkmale weltweit. Vor dem Hintergrund des Deutschen Nationaltheaters steht es für jene Mischung aus Geist der Weimarer Klassik und „Wiege der Moderne", die die große Anziehungskraft der Kulturhauptstadt Europas von 1999 ausmacht – wurden doch hier auch 1919 das Bauhaus gegründet und die Verfassung der Weimarer Republik verabschiedet.

An stärksten freilich wird das Bild Thüringens vom „Goldenen Zeitalter" im Herzogtum Sachsen-Weimar-Eisenach geprägt – dem kulturhistorischen Highlight schlechthin. Unter der Herrschaft von Herzogin Anna Amalia und ihres Sohnes Carl August zog es zahlreiche Geistesgrößen wie Johann Wolfgang Goethe, Christoph Martin Wieland, Johann Gottfried Herder und Friedrich Schiller ins „Ilm-Athen". Für das kleine Herzogtum mit seiner Residenzstadt von 6.000 Einwohnern war dies keineswegs selbstverständlich. Weimar stieg zu einem Zentrum deutscher und europäischer Kultur auf.

Herzogin Anna Amalia profilierte sich als resolute, kunstsinnige Landesherrin.

Mit Christoph Martin Wieland holte sie den ersten der großen Literaten 1772 als Prinzenerzieher von der Universität Erfurt nach Weimar. Über die Zeit der Regentschaft hinaus entfaltete Anna Amalia mit ihrem „Musenhof" ein breites kulturell-geselliges Leben. Ein bleibendes Werk ist der Ausbau des „Grünen Schlosses" zur heute nach ihr benannten Herzogin-Anna-Amalia-Bibliothek. Der verheerende Brand 2004 hat den Sinn für deren Bedeutung auf schmerzliche Weise geschärft.

Die „Goethezeit" datiert von der Ankunft Goethes in Weimar 1775 bis zu dessen Tod 1832. Der junge Fürst Carl August zog den Autor der Sturm-und-Drang-Bestseller „Götz von Berlichingen" und „Die Leiden des jungen Werthers" aus Frankfurt an seine Residenz. Die persönliche Freundschaft sollte Goethe dauerhaft an Weimar binden. Zwei der meistbesuchten Erinnerungsorte in Weimar, das Gartenhaus im Ilmpark und das Wohnhaus am Frauenplan mit dem Goethe-Nationalmuseum, waren Geschenke des Herzogs. Dieser bezog Goethe auch in die Landespolitik mit ein. Sein Freund Herder wurde 1776 als Hofprediger nach Weimar geholt. Schiller, seit 1789 Professor für Geschichte in Jena, zog 1799 nach Weimar. Das intensive Zusammenwirken

Das Goethe-und-Schiller-Denkmal auf dem Weimarer Theaterplatz verkörpert die deutsche Kulturnation.

von Goethe und Schiller bildet den Kern der Weimarer Klassik.

Heute spricht man mit Blick auf die benachbarte Universitätsstadt Jena vom Ereignis Weimar-Jena, bei dem es um 1800 zu einer einmaligen Verdichtung kultureller Leistungen der sprichwörtlichen Dichter und Denker kam. Dies gilt als ein Höhepunkt der Aufklärung, die der bürgerlichen Gesellschaft des 19. Jahrhunderts wesentliche Impulse verliehen hat. Seine Protagonisten, allen voran Goethe und Schiller, wurden zu Leitfiguren der sich entfaltenden Kulturnation. Dieses große Erbe wird heute vor allem von der Klassik Stiftung Weimar gepflegt, der zweitgrößten deutschen Kulturstiftung.

24 Hanfrieds Erbe
Die Universität Jena

Zu den renommiertesten Universitäten Deutschlands zählt sie heute, die 1548 vom geschlagenen Kurfürsten Johann Friedrich gegründete Universität Jena. Im „Goldenen Zeitalter" Goethes erlangte sie als korrespondierendes Kulturzentrum mit Weimar Weltruf.

Stolz steht er auf dem Jenaer Marktplatz. Das 1858 enthüllte Denkmal zeigt Kurfürst Johann Friedrich den Großmütigen mit den Insignien seiner Macht, mit Kurschwert, Mantel und Hut. Es ist dem Gründer der Universität Jena gewidmet, die 1548 als Hohe Schule ins Leben trat und 1558 offiziell zur Universität erhoben wurde. Der von den Jenaern liebevoll-spöttisch als Hanfried (*Johann-Fried*rich) titulierte Fürst ist freilich eher eine tragische Gestalt. Im Schmalkaldischen Krieg der Protestanten gegen Kaiser Karl V. hatte er 1547 die Kurwürde verloren. Seine wettinische Linie der Ernestiner blieb fortan auf Teile Thüringens beschränkt und verzettelte sich in zahlreichen Erbteilungen.

Aber so, wie die Niederlage des ernestinischen Kurfürsten von 1547 für Thüringen langfristig zu einem kulturellen Segen wurde, steht jene historische Zäsur auch am Beginn des Aufstiegs von Jena zur beherrschenden Landesuniversität. Mit dem Kurstaat um Wittenberg hatte Johann Friedrich auch die dortige Universität und einstige Wirkungsstätte Luthers verloren. Als Ersatz hierfür schuf er im während der Reformation aufgehobenen Jenaer Dominikanerkloster eine zukunftsträchtige Bildungsstätte, das „Collegium Jenense". 1558 stieg sie dank eines kaiserlichen Privilegs zur „Alma mater Jenensis" auf. An jene Anfänge erinnert bis heute das Universitätslogo mit dem Kurfürsten, der auch ansonsten omnipräsent ist. Sogar ein Footballteam beruft sich als „Jena Hanfrieds" auf ihn.

Freilich war die neue Universität zunächst eine eher unspektakuläre Ausbildungsstätte für Staatsdiener, vor allem für Theologen und Juristen. Erst im „Goldenen Zeitalter" Goethes erlangte sie als korrespondierendes Kulturzentrum mit Weimar Weltruf. Der auch für die Universität zuständige Geheimrat sah Jena und Weimar „wie die zwei Enden einer großen Stadt", die sich vielfach befruchteten. Jena war ein Schwerpunkt der Philosophie des Deutschen Idealismus, die stark auf das Geistesleben der Zeit einwirkte. Hier lehrten die Philosophen Johann Gottlieb Fichte, Friedrich Wilhelm Schelling und Georg Wilhelm Friedrich Hegel. Die literarische Frühromantik fand um die Jahrhundertwende mit dem Wirken eines Kreises um August Wilhelm und Friedrich Schlegel, Ludwig Tieck, Clemens Brentano und Novalis ihren Höhepunkt. Aber auch die Naturwissenschaften nahmen einen sichtbaren Aufschwung.

Später bildete die Universität einen wichtigen Faktor beim Aufstieg Jenas zum modernen Technologiezentrum, verbunden mit Namen wie Carl Zeiß, Ernst Abbe und Otto Schott. Auch der „deut-

sche Darwin" Ernst Haeckel hinterließ
hier seine Spuren. Über alle politischen
Umbrüche und Instrumentalisierungs-
versuche hinaus blieb die „Salana", die
Universität an der Saale, ein international renommierter Ort von Wissenschaft
und Lehre. Heute sind an der Friedrich-
Schiller-Universität Jena, so der Name seit
1934, mehr als 18.000 Studenten einge-
schrieben. Sie ist damit die größte Hochschule des Landes vor den Universitäten
in Erfurt, Weimar und Ilmenau sowie
den Fachhochschulen in Jena, Erfurt,
Nordhausen und Schmalkalden.

Gelehrter, Schriftsteller und Staatsmann – im „Europadorf" Auleben in der Goldenen Aue erinnert das Humboldt-Schloss an die Aufenthalte Wilhelm von Humboldts und dessen Gattin Caroline. Darüber hinaus hat die Gemeinde mit ihren fünf Rittergütern historisch einiges zu bieten.

Am 29. Juni 1791 fand im Haus Dacheröden am Erfurter Anger die Hochzeit Wilhelm von Humboldts mit Caroline von Dacheröden statt. Eine Gedenktafel an dem prächtigen Renaissancebau verweist auf dessen kulturgeschichtliche Bedeutung. Es fallen dort auch die Namen Goethe und Schiller, die hier ein und aus gingen. Das Haus gehörte Humboldts Schwiegervater Karl Friedrich von Dacheröden, einem Vertrauten des kurmainzischen Statthalters Karl Theodor von Dalberg.

Wilhelm von Humboldt hatte sich hier 1789 heimlich mit der Tochter Dacherödens verlobt. Nachdem auch die Eltern hatten überzeugt werden können, heirateten beide mit großer Gesellschaft

Das „Humboldtsche Schloss" in Auleben erinnert an die Aufenthalte Wilhelm von Humboldts und seiner Gattin Caroline.

im Hause des Schwiegervaters. Anschließend lebte das Paar für zweieinhalb Jahre auf dessen Landgütern Burgörner bei Mansfeld und Auleben bei Nordhausen. Das Paar führte eine unkonventionelle Ehe mit vielen Freiheiten. Caroline von Humboldt lebte trotz ihrer acht Kinder ihre kulturellen Interessen aus und war eine ebenbürtige Partnerin. Der große preußische Staatsmann, Gelehrte und Bildungsreformer hatte also Thüringen viel zu verdanken.

Der Aufenthalt des jungen Paares mit dem ersten Töchterchen Caroline von August 1892 bis März 1893 in Auleben blieb den Humboldts zeitlebens als „unsere schöne Jugendzeit" in guter Erinnerung. Die Familie feierte ein unbeschwertes Weihnachtsfest, Wilhelm und Caroline trieben gemeinsam intensive Griechischstudien. Später kehrte Humboldt – nach dem Tod von Dacherödens 1809 wurde Caroline Besitzerin des Gutes – noch einige Male zu Inspektionen nach Auleben zurück. Er spielte sogar mit dem Gedanken, den Familiensitz ganz hierher zu verlegen. Auch Caroline besuchte 1814 noch einmal Auleben.

Das Schloss war 1518 durch die Grafen von Schwarzburg errichtet worden. 1756 hatte Karl Friedrich von Dacheröden das Fürstengut erworben. Besonders Caroline besaß eine tiefe Beziehung zu Auleben, das sie seit ihrer Kindheit häufig besucht hatte. So blieb ihr etwa „das Aufsuchen eines schönen Gesichtspunktes auf den Bergen bei Auleben" im Gedächtnis. In der Tat bieten sich von den Höhen südlich des Ortes, dem Solberg, wunderbare Ausblicke in Richtung Harz und Kyffhäuser.

Heute erinnert im „Humboldtschen Schloss", dem Kulturzentrum der Gemeinde, eine Ausstellung an die besondere Geschichte des Gebäudes.

Im Haus Dacheröden in Erfurt heirateten 1791 Wilhelm von Humboldt und Caroline von Dacheröden.

Allerdings ist es keineswegs das einzig Sehenswerte im 1992 gekürten Europadorf Thüringens. Von der Besiedelung seit der Jungsteinzeit, befördert durch die Salzquellen am Solberg, künden viele archäologische Funde. Die Ersterwähnung von „Awenleibe" geht möglicherweise auf eine später kopierte Urkunde von 819 zurück, was mehrfach Anlass für große Jubiläumsfeierlichkeiten war. Das Dorf in der fruchtbaren Goldenen Aue wurde Sitz von gleich fünf Rittergütern. Die Herren von Biela, von Schlotheim, von Rüxleben, von Wintzingerode und von Dacheröden hinterließen ansehnliche Hofkomplexe, die teils noch immer zu bewundern sind.

26 Untergang des alten Preußens
Die Schlacht bei Jena und Auerstedt

In der blutigen Schlacht bei Jena und Auerstedt errang Napoleon einen wichtigen Sieg über Preußen, das in der Folge unter französische Besatzung geriet. An dieses berühmte Ereignis erinnern noch heute zahlreiche Museen und Denkmale rund um das einstige Schlachtfeld.

Die Französische Revolution seit 1789 beseitigte die absolute Monarchie der Bourbonen und leitete eine Umgestaltung von welthistorischer Bedeutung ein. Das Bürgertum legte mit Aufklärung und Liberalismus den Grundstein für einen modernen Nationalstaat mit Verfassung, Rechtsstaat und Marktwirtschaft. Dies erfasste auch Deutschland. Geistesgrößen wie der Dichter Friedrich Schiller begrüßten die Veränderungen in Frankreich zumindest bis zur Hinrichtung König Ludwigs XVI. und der Schreckensherrschaft unter Robespierre 1793/94. Der erfolgreiche Feldherr Napoleon Bonaparte erklärte mit dem Staatsstreich 1799 die Revolution für beendet und krönte sich 1804 zum Kaiser der Franzosen.

Die Revolutionskriege bzw. Napoleonischen Kriege sorgten auch für die Umformung und schließlich den Untergang des 1.000-jährigen Heiligen Römischen Reiches Deutscher Nation. Die meisten süd- und westdeutschen Länder schlossen sich 1806 unter Napoleons Protektorat im Rheinbund zusammen, kurz darauf legte Franz II. die Kaiserkrone nieder. Diese großen Umwälzungen erfassten auch Thüringen. Schon 1802 hatte sich Preußen in einem Vertrag mit Frankreich große Gebiete gesichert. Es erhielt die kurmainzischen Territorien mit Erfurt und dem Eichsfeld sowie die Reichsstädte Mühlhausen und Nordhausen.

Allerdings blieb den Preußen vorerst nicht viel Zeit, sich ihrer Erwerbungen zu erfreuen. 1806 fand in Thüringen die Entscheidungsschlacht zwischen Frankreich und Preußen statt, das sich seit 1795 neutral verhalten hatte. Zunächst kam es zu Vorgefechten bei Schleiz und Saalfeld, wo der preußische Prinz Louis Ferdinand fiel. Am 14. Oktober 1806 konnte Napoleon in der Doppelschlacht bei Jena und Auerstedt den preußischen und sächsischen Truppen unter dem Oberbefehl des Herzogs von Braunschweig eine vernichtende Niederlage beibringen. Bei dieser blutigen Schlacht verloren etwa 35.000 Soldaten ihr Leben und die Bevölkerung der umliegenden Gebiete wurde schwer in Mitleidenschaft gezogen.

Zugleich kam dem Geschehen große historische Bedeutung zu. Unter dem Motto „Ohne 1806 kein 1871" galt die Schlacht der preußisch-nationalen Geschichtsschreibung als das Ende des alten Preußens, mit dem zugleich die innere Erneuerung der späteren Reichseinigungsmacht begann. Im Frieden von Tilsit 1807 hatte der preußische König aber zunächst einmal die Abtretung großer Gebiete hinzunehmen, darunter auch alle Besitzungen in Thüringen. Nach dem

Napoleon gelang am 14. Oktober 1806 bei Jena ein großer Sieg über Preußen.

Ende der Napoleonischen Zeit konnte das Königreich Preußen seine thüringischen Territorien auf dem Wiener Kongress 1815 jedoch zurückerlangen.

Rund um die ehemaligen Schlachtfelder erinnern heute zahlreiche Erinnerungsorte, Denkmale und Namensgebungen an das Geschehen von 1806. Nachstellungen der Schlacht ziehen immer wieder Tausende Besucher an, Historiker haben sie detailliert aufgearbeitet. Neben dem Stadtmuseum Jena widmen sich besonders das Museum 1806 Jena-Cospeda, das Museum der Wasserburg Kapellendorf und das Museum Hassenhausen dem Thema. Der Napoleon-Radweg mit seinen vielen Denkmalen, Gedenksteinen und weiteren Sehenswürdigkeiten verbindet unter anderem die Gedenkstätten Jena-Cospeda, Hassenhausen, Kapellendorf und Auerstedt.

27 Gefürchtete Burschenherrlichkeit
Die Jenaer Urburschenschaft

Ohne sie hätte es die Farben Schwarz-Rot-Gold oder das Wartburgfest 1817 nie gegeben: Die 1815 in Jena gegründete Burschenschaft forderte nach dem Ende der Napoleonischen Zeit einen liberalen Nationalstaat statt des losen Deutschen Bundes.

Das Ende der Napoleonischen Zeit brachte nicht das von vielen Teilnehmern der Befreiungskriege und Vertretern der liberalen Nationalbewegung erhoffte einige deutsche Vaterland. Stattdessen trat 1815 auf dem Wiener Kongress der Deutsche Bund ins Leben, ein relativ loser Staatenbund aus 35 Monarchien und vier freien Städten. Die Großmächte Preußen und Österreich konkurrierten wie schon im Alten Reich um die Vorherrschaft und verweigerten eine Verfassung mit garantierten bürgerlichen Freiheitsrechten.

In Thüringen sah dies deutlich anders aus. Trotz der 1815 nichtbeseitigten kleinstaatlichen Zersplitterung, die schon von vielen Zeitgenossen als Anachronismus angesehen wurde, bezog der Weg in die Moderne des 19. Jahrhunderts von hier wichtige Impulse. Die Entwicklung des liberalen Verfassungsstaates und die Nationalbewegung fanden ein günstiges Klima. So bildete Sachsen-Weimar-Eisenachs Grundgesetz aus dem Jahr 1816 eine der ersten modernen Verfassungen im Deutschen Bund; Großherzog Carl August, Goethes Freund und Mäzen, galt als vergleichsweise liberaler Landesvater.

So stand Thüringen rasch im Fokus der Nationalbewegung. Schon während der napoleonischen Fremdherrschaft hatte es zu den Zentren des antifranzö-

sischen Aufbegehrens gehört. An der Universität Jena verbreiteten die Professoren Heinrich Luden, Dietrich Georg Kieser, Lorenz Oken und Jakob Friedrich Fries nationales Gedankengut. Als Ausgangspunkt der Burschenschaftsbewegung gilt die Jenaer Urburschenschaft von 1815, die bewusst die herkömmliche Gliederung in Landsmannschaften aufgab. Als ihre Farben wählte sie die Uniformfarben des Lützow'schen Freikorps Schwarz-Rot-Gold, als Motto „Ehre, Freiheit, Vaterland". Der Begriff leitet sich von den mittelalterlichen Bursen her, in denen die Studenten (Bursalen = Burschen) einst klosterähnlich lebten. An die am 12. Juni 1815 im Gasthaus „Grüne Tanne" in Wenigenjena gegründete Urburschenschaft erinnert unter anderem ein Denkmal vor dem 1908 eingeweihten Hauptgebäude der Universität.

Die Jenaer Burschenschaft gab auch die Anregung für das Wartburgfest im Oktober 1817, auf dem 500 Studenten aus allen Teilen des Bundes ein einiges Deutschland und bürgerliche Freiheitsrechte forderten – ein Signalereignis von großer Tragweite. Man hatte die Wartburg im 300. Jubiläumsjahr der Reformation auch ausgewählt, da sie wegen der Bibelübersetzung Luthers als nationaler Erinnerungsort galt. 1818 folgte die Gründung des Dachverbandes der

Das 1883 errichtete Burschenschaftsdenkmal vor der Universität Jena erinnert an die Gründung der Urburschenschaft.

Allgemeinen Deutschen Burschenschaft in Jena.

Die oft trinkfreudig gefeierte Burschenherrlichkeit wurde von den konservativ-monarchischen Eliten gefürchtet. Die Ermordung des als reaktionär geltenden Schriftstellers August von Kotzebue durch den Jenaer Burschenschafter Karl Ludwig Sand 1819 bot den Anlass für eine massive Verfolgung der gesamten demokratisch-liberalen und nationalen Bewegung. Hierfür stehen die vom österreichischen Staatskanzler Clemens Fürst Metternich initiierten Karlsbader Beschlüsse des Deutschen Bundes 1819. Dem Druck Österreichs und Preußens mussten sich auch liberale Kleinstaaten wie Sachsen-Weimar-Eisenach letztlich beugen.

28 Symbol der Industrialisierung
Die Eisenbahn in Thüringen

Der Triumphzug der Eisenbahn machte auch in Thüringen nicht halt – die Eröffnung der Thüringer Eisenbahn 1847 leitete das Industriezeitalter ein. Zugleich rückte die Region damit zum modernen Verkehrsdrehkreuz in Deutschland auf, was 2017 mit der neuen ICE-Schnellverbindung Berlin–Erfurt–München erneuert wurde.

Die Eisenbahn ist das Symbol der Industrialisierung seit Mitte des 19. Jahrhunderts und steht auch in Thüringen am Beginn der Moderne. Dabei war es von weitreichender Bedeutung, dass der preußische Staat die geplante Verbindung von Halle in Richtung Rheinprovinz entlang der Städteachse Apolda–Weimar–Erfurt–Gotha–Eisenach verlegte. Engagierte Bürger wie der Gothaer Versicherungspionier Ernst Wilhelm Arnoldi und der Erfurter Stadtrat Karl Herrmann hatten sich weitsichtig dafür eingesetzt. Ihnen ist es mit zu verdanken, dass Preußen mit den Kleinstaaten 1841 den Vertrag über die Thüringische Eisenbahn abschloss. 1847 war die Strecke vollendet und wurde in den folgenden Jahrzehnten um zahlreiche weitere Verbindungen durch ganz Thüringen erweitert.

Mit der Gründung des Kaiserreiches 1871 kam die vom Eisenbahnbau wesentlich beschleunigte Industrialisierung endgültig zum Durchbruch. Zwischen 1871 und 1914 stieg die Bevölkerungszahl Deutschlands von 41 auf 65 Millionen, in Thüringen von 1,5 auf 2,3 Millionen. Schlaglichtartig wird dies an der rapiden Entwicklung Erfurts zur modernen Industriegroßstadt deutlich: 1840 mit 25.000 Einwohnern noch mittelstädtisch geprägt, verdoppelte sich die Einwohnerzahl zwischen 1875 und 1906 von 48.000 auf 100.000. Auch aus kleinstaatlichen Residenz- und Provinzstädtchen wurden um 1900 Industriestädte wie Gera (49.000), Altenburg (40.000), Gotha (40.000), Jena (38.000) und Eisenach (38.000). Im preußischen Thüringen machten die einstigen Reichsstädte Mühlhausen (35.000) und Nordhausen (33.000) ähnliche Modernisierungsprozesse durch.

Dabei wurde auch die lange dominierende Vorstellung des Nationalökonomen Friedrich List relativiert, dass Fortschritt nur in großen Staaten möglich sei. Das preußische Erfurt wurde zum wichtigsten Verkehrsknotenpunkt, entwickelte sich zu einem nationalen Zentrum der Metall- und Textilindustrie. Auch in den Kleinstaaten entstanden starke Industrieregionen. Besonders Jena entwickelte sich zu einem Zentrum des wissenschaftlich-technischen Fortschritts, verbunden mit bis heute klangvollen Namen wie Zeiß und Schott. Weitere Schwerpunkte waren die Textilindustrie und der Braunkohletagebau in Ostthüringen, der Kalibergbau in Nordthüringen und im Werratal sowie Einzelstandorte wie Fahrzeugbau in Eisenach, Waffenproduktion in Suhl und Sömmerda oder Textilindustrie in Apolda.

Der Thüringer Verkehrsgeschichte wurde jüngst ein weiteres Kapitel hinzugefügt, das dem Beginn des Eisenbahnzeitalters 1847 kaum nachsteht. Am 8. Dezember 2017 nahm die ICE-Neubaustrecke Berlin–Erfurt–München feierlich ihren Betrieb auf. Die Fahrzeit von Berlin nach München über den modernen ICE-Knoten Erfurt beträgt nur noch vier Stunden. Sofort erhöhte sich die Auslastung der Strecke auf das Doppelte. Die Landeshauptstadt Thüringens erhofft sich hiervon nachhaltige Impulse für die Stadtentwicklung, etwa durch eine moderne ICE-City mit Hotels, Tagungszentren und Geschäftshäusern.

29 Zeiss-Präzision
Carl Zeiß und Jena

Jena stieg im 19. Jahrhundert durch das Wirken von Carl Zeiß, Ernst Abbe und Otto Schott zum weltweiten Zentrum von Optik und Feinmechanik auf. Die Gründerväter sind in der boomenden Wissenschafts- und Technologiestadt noch heute allgegenwärtig.

Ab Mitte des 19. Jahrhunderts wurde auch Thüringen vom epochalen Prozess der Industrialisierung erfasst. Entgegen landläufiger Vorurteile entwickelte sich die kleinstaatlich geprägte Region zu einem innovativen und vielgestaltigen Wirtschaftsraum. Allen voran die traditionsreiche Universitätsstadt Jena stieg zu einem Musterbeispiel des wissenschaftlich-technischen Fortschritts auf. Im Zusammenspiel von Unternehmern und Wissenschaftlern wurden wegweisende Innovationen entwickelt und umgesetzt. Im Mittelpunkt stand und steht bis heute die optische Industrie, untrennbar verbunden mit dem Namen Carl Zeiß.

Der Gründervater des späteren Weltunternehmens Zeiss wurde 1816 im benachbarten Weimar geboren. 1846 gründete Carl Zeiß in Jena eine Werkstatt für mechanische und optische Instrumente. Bei der Optimierung seiner gefragten Mikroskope kam es ab 1866 zur fruchtbaren Zusammenarbeit mit dem Universitätsphysiker Ernst Abbe. Nach dem Tod des Gründers 1888 wurde Zeiss im Folgejahr zu einer Stiftung mit vorbildlichen sozialen Angeboten und einem fest ausgeprägten Korpsgeist der Zeissianer umgeformt. Es stieg unter der Leitung von Abbe zum führenden Unternehmen der Optik und des wissenschaftlichen Gerätebaus mit bis zu 4.700 Mitarbeitern auf. Dies geschah in enger Zusammenarbeit mit der Universität Jena und dem 1884 gegründeten Glaswerk von Otto Schott, das 1919 ebenfalls gänzlich in die Carl-Zeiss-Stiftung einging. Die Produktpalette weitete sich immer mehr aus, von weltweit begehrten Mikroskopen, Feldstechern und Planetarien bis hin zu Objektiven für die Raumfahrt. Das Firmenlogo mit der angedeuteten Linse steht dabei für sprichwörtliche Zeiss-Präzision.

In der Zeit der deutschen Teilung kam es zur Trennung in Ost- und Westunternehmen, die 1991 von der Carl-Zeiss-Stiftung überwunden wurde. Heute sind die Carl Zeiss AG Oberkochen und die Schott AG Mainz selbstständige Firmen mit der Stiftung als alleinigem Anteilseigner. Die Konzerne wissen dabei um die hohe Bedeutung ihres Ursprungsstandortes in Jena, der aufwendig ausgebaut werden soll. Ebenfalls aus dem Zeiss-Kombinat hervorgegangen ist die Jenoptik AG mit ihrem Hauptsitz auf dem historischen Zeiss-Gelände in der Innenstadt.

Die international erfolgreichen Optikunternehmen bilden freilich nur eine Facette unter zahlreichen der Hochtechnologie, die eine enge Symbiose mit Forschungseinrichtungen, der Universität und der Ernst-Abbe-Hochschule eingegangen sind. So ist Jena heute ein boo-

mendes Technologiezentrum, einer der wenigen Leuchttürme im Osten Deutschlands. Dies zeigt sich auch darin, dass die gut 110.000 Einwohner zählende Saalestadt neben Erfurt die einzige Großstadt Thüringens ist – mit steigender Tendenz.

Die Lichtstadt, wie sich Jena heute nennt, und ihre historischen Protagonisten sind allgegenwärtig. Das Zeiss-Planetarium von 1926 ist das betriebsälteste Planetarium der Welt und gehört zu den kulturell-touristischen Zugpferden, das Deutsche Optische Museum Jena bildet über die Pflege der Zeiss-Firmengeschichte hinaus eine einzigartige nationale Leiteinrichtung. Beide werden von der 1992 gegründeten Ernst-Abbe-Stiftung betreut. Das 1903 von der Carl-Zeiss-Stiftung errichtete Volkshaus am Carl-Zeiß-Platz ist eine lebendige Kultur- und Bildungseinrichtung, das benachbarte Ernst-Abbe-Denkmal und die Schott-Villa erinnern an die kongenialen Partner von Carl Zeiß. Sogar der ortsansässige Fußballclub trägt den Namen von Carl Zeiß und spielt auf dem Ernst-Abbe-Sportfeld, während der SV Schott Jena den dritten Großen im Schilde führt.

30 Vater des Versicherungswesens
Ernst Wilhelm Arnoldi und Gotha

Ernst Wilhelm Arnoldi gilt als einer der Begründer der deutschen Versicherungsbranche und machte Gotha im 19. Jahrhundert zu einem Zentrum dieses Wirtschaftszweiges. Neben anderen Würdigungen erinnert hieran das Deutsche Versicherungsmuseum E.W. Arnoldi.

Gotha spielte eine wichtige Rolle bei der Herausbildung des modernen Versicherungswesens in Deutschland. Ernst Wilhelm Arnoldi gründete hier 1820 eine der ersten Feuerversicherungsbanken und 1827 die erste Lebensversicherungsbank. Lange Zeit gehörte die Stadt zu den wichtigsten Standorten dieser Branche, die mit der Industrialisierung weiter an Bedeutung gewann. Das Unternehmen entwickelte sich auf immer breiteren Geschäftsfeldern zu einem der größten deutschen Versicherungskonzerne. Freilich ist der Hauptsitz seit der Enteignung in der Sowjetischen Besatzungszone 1946 in Köln angesiedelt. Der Konzern mit Tausenden Mitarbeitern und Milliardenumsatz firmiert dennoch weiterhin nach seinem Gründungsort als „Gothaer".

Der Gründer dieses prosperierenden Unternehmens wurde 1778 als Sohn des Gothaer Ratsherrn Ernst Friedrich Arnoldi geboren und blieb seiner Heimatstadt zeitlebens treu. Der Vater betrieb ein florierendes Einzelhandelsgeschäft und ermöglichte seinem Sohn in Hamburg eine gediegene Handelsausbildung. Nach einem Brand der väterlichen Tabakfabrik und Schwierigkeiten mit der Schadensabwicklung machte Arnoldi 1819 Vorschläge zur Errichtung einer Feuerversicherungsbank. Dies führte ein

Jahr später zur Gründung der „Feuer-Versicherungs-Bank für den deutschen Handelsstand". Das Unternehmen war den modernen Prinzipien der Gegenseitigkeit und nationalen Ausdehnung der Geschäfte verpflichtet.

1827 folgte wiederum durch Arnoldi die Errichtung der ersten deutschen Lebensversicherungsbank, an der namhafte Experten beteiligt waren. Der umtriebige Geschäftsmann beschränkte sich freilich keineswegs auf die Leitung seiner Versicherungen. So gründete er bei Gotha eine moderne Zuckerfabrik. Als Wirtschaftspolitiker trat er für die Abschaffung der Zollgrenzen im Deutschen Bund ein und plädierte wie Friedrich List für ein deutsches Eisenbahnnetz. Entsprechend dem Arnoldi zugeschriebenen Grundsatz „Gemeinnutz geht vor Eigennutz" zeigte er bis zu seinem Tod 1841 ein breites Engagement in Gotha. 1818 eröffnete auf seine Veranlassung die erste deutsche Handelsschule, bei wichtigen Projekten wie dem Realgymnasium und dem neuen Hoftheater stand er Pate.

Der verdienstvolle Sohn der Stadt hat denn auch in Gotha zahlreiche Ehrungen erfahren. An ihn erinnern Platz-, Straßen- und Schulnamen; sein Geburts-, Wohn- und Sterbehaus zieren Gedenktafeln; sein Grabstein steht seit 1993 wieder am Standort des einstigen

Das Neue Arnoldidenkmal in Gotha erinnert an den Begründer des modernen Versicherungswesens.

Friedhofes vis-à-vis der Arnoldischule. Am Eckhof- bzw. Arnoldiplatz finden sich gleich zwei Denkmale aus verschiedenen Epochen: das 1843 errichtete und nach der Entfernung in der DDR-Zeit 2003 zurückgekehrte klassizistische Monument als Altes Arnoldidenkmal und das 1991 errichtete Neue Arnoldidenkmal, das den Geschäftsmann auf einem Wegstein sitzend zeigt. Dem Vater des Versicherungswesens ist auch das Deutsche Versicherungsmuseum E.W. Arnoldi in der Bahnhofstraße im ehemaligen Hauptsitz der „Gothaer" gewidmet.

31 Geburtsort der Kartografie
Gotha und der Perthes Verlag

Gotha galt im 19. und 20. Jahrhundert als das Mekka der Geografie. Der Perthes Verlag gab nicht nur das maßgebliche Adelsnachschlagewerk heraus, sondern auch geografische Standardwerke, Karten und Atlanten. Diese sind heute im Perthesforum zu bestaunen.

„Gotha adelt." Unter diesem Motto präsentiert sich heute die einstige thüringische Residenzstadt. Das ist zunächst eine Anspielung auf das seit 1763 erscheinende Nachschlagewerk zum deutschen und europäischen Adel, den „Gothaischen Hofkalender". Dieser machte die Stadt als „der Gotha" international bekannt. Herausgeber war der Perthes Verlag, 1785 von Johann Georg Justus Perthes in Gotha gegründet. Das Motto trifft darüber hinaus ganz unmittelbar auf die Stadt mit ihrem von Herzog Ernst dem Frommen errichteten Schloss Friedenstein zu. Hier residierten von 1826 bis 1918 die Herzöge von Sachsen-Coburg und Gotha, die für ihre Beziehungen zum internationalen Hochadel berühmt sind. Viele Herrscherhäuser Europas einschließlich der Royals in Großbritannien haben ihre Wurzeln in Gotha.

Der Perthes Verlag sollte freilich über sein Standardwerk des Adels hinaus in einer anderen Sparte buchstäblich Weltruhm erlangen – der wissenschaftlichen Geografie. Man hat die Stadt sogar als „Geburtsort der modernen Kartografie" bezeichnet. In der ersten Hälfte des 19. Jahrhunderts stieg „Justus Perthes' Geographische Anstalt Gotha" zu einem der führenden Kartenverlage auf. Man konnte hierbei nahtlos an die Traditionen aus der Zeit Herzog Ernsts II.

von Sachsen-Gotha-Altenburg (reg. 1772–1804) anknüpfen. Selbst Astronom und Mathematiker, hatte der Monarch seiner Kleinstaatenresidenz den Ruf eines Wissenschaftszentrums eingebracht. Er errichtete 1787 auf dem Seeberg die erste Sternwarte Deutschlands, die unter der Leitung von Franz Xaver von Zach der astronomisch-mathematischen und kartografisch-geografischen Forschung wichtige Impulse verlieh.

Diese Entwicklung erreichte ab Mitte des 19. Jahrhunderts ihren Höhepunkt. Dank des Geografen August Heinrich Petermann erlebte der Verlag von 1854 bis 1878 eine Blütezeit als Zentrum der geografischen Forschung. „Petermanns Geografische Mitteilungen" galten als international anerkannte Fachzeitschrift. Einer der Dauerbrenner des Verlages war „der Stieler", ein von Adolf Stieler entwickelter Handatlas, der von 1817 bis 1945 in elf Auflagen erschien. Nach der Enteignung des Perthes Verlages trat an seine Stelle in der DDR-Zeit der VEB Hermann Haack Geographisch-Kartographische Anstalt Gotha.

Die große Gothaer Verlagstradition endete nach 1990. Zugleich erlebte die Stadt aber auch eine beeindruckende Renaissance als historisch-kultureller Erinnerungsort. Im Mittelpunkt steht die Profilierung als Barockes Universum

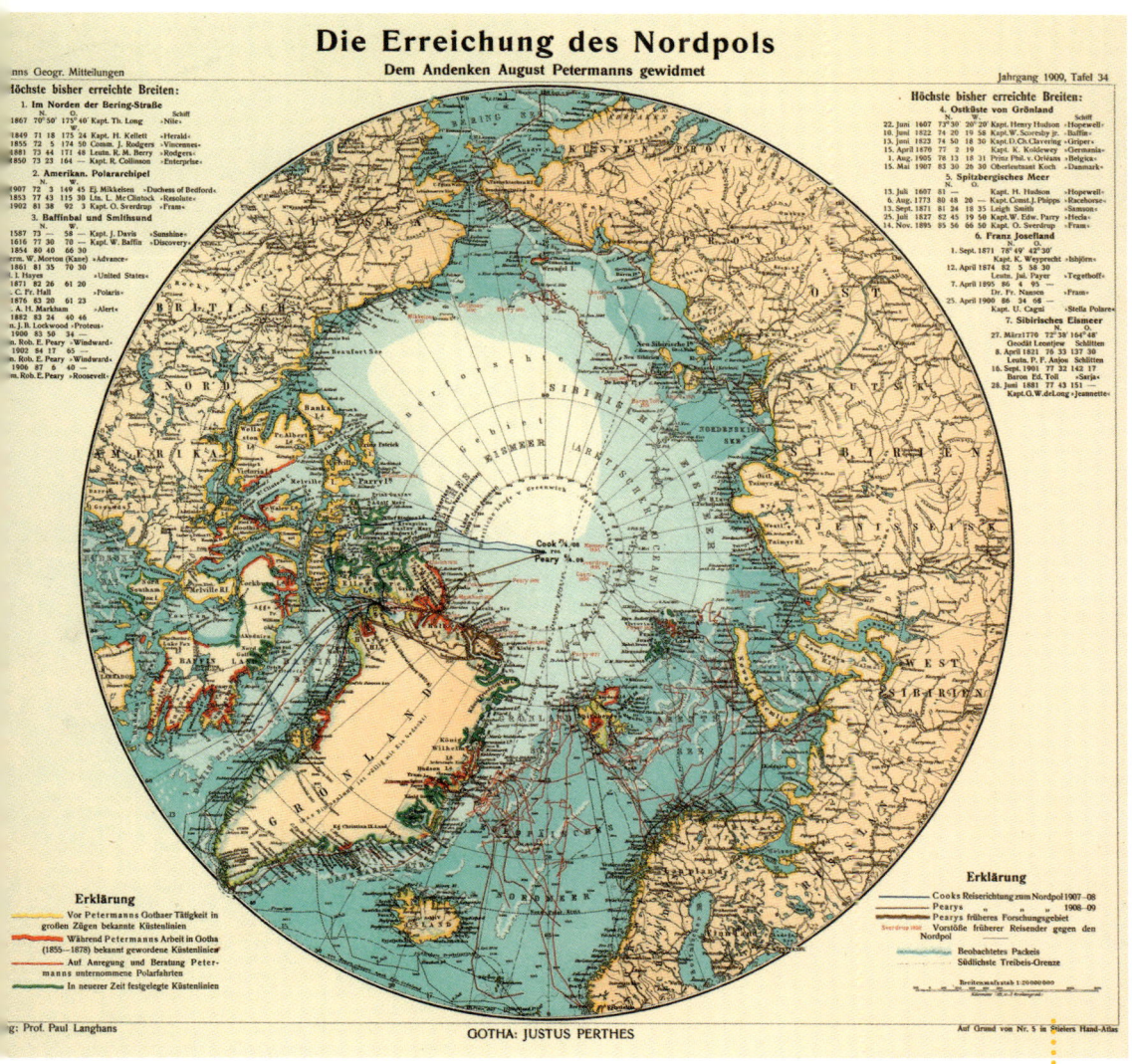

Diese 1909 in Gotha erschienene Karte von Paul Langhans trägt den Titel „Die Erreichung des Nordpols. Dem Andenken August Petermanns gewidmet".

Gotha mit den Herzstücken Schloss Friedenstein und Herzogliches Museum. Zu den zukunftsweisenden Strukturveränderungen gehört aber auch das 2015 eingeweihte Perthesforum Gotha in den ehemaligen Gebäuden des Perthes Verlages nahe der Orangerie. Der moderne Komplex bietet dem Staatsarchiv Gotha beste Arbeitsmöglichkeiten und hat auch Depotbestände der Museen und der Forschungsbibliothek Gotha der Universität Erfurt aufgenommen. Hierzu zählt die Sammlung Perthes der Forschungsbibliothek, die die Überlieferung des Verlages mit seiner einzigartigen Kartensammlung umfasst.

32 Der Tiervater
Alfred Brehm und Renthendorf

Tierisch geht es in der Brehm-Gedenkstätte in Renthendorf zu, die an Alfred Brehm als Begründer der modernen Zoologie erinnert. Mit seinen anschaulichen Beschreibungen in seinem Hauptwerk „Illustriertes Thierleben" hatte dieser sich den Ruf als „Tiervater" erworben.

Renthendorf im malerischen Thüringer Holzland nahe Neustadt an der Orla kann als ein Stammort der modernen Zoologie gelten. Hier wurde 1829 der Pfarrerssohn Alfred Brehm geboren und fand dort auch 1884 seine letzte Ruhestätte. Als bis heute sprichwörtlicher „Tiervater" hat er die Tierbeschreibung revolutioniert. Diese erschöpfte sich bis dato meist in der anatomischen Analyse des ausgestopften oder in Spiritus eingelegten Tierkörpers, die den interessierten Laien kaum ansprach. Brehm hat auf der Basis fundierter wissenschaftlicher Kenntnisse daraus eine anschauliche Beschreibung des lebenden Tieres in seinem natürlichen Umfeld gemacht. Auch wenn sich dabei schon so mancher Zeitgenosse an der Zuschreibung allzu menschlicher Eigenschaften auf die Tiere stieß, so bleibt das Verdienst des großen Zoologen doch unbestritten.

Das Interesse für die Tierwelt wurde Brehm buchstäblich in die Wiege gelegt. Der Vater war neben seiner jahrzehntelangen Tätigkeit als Dorfpfarrer in Renthendorf auch ein überregional geachteter Ornithologe, der eine einzigartige Sammlung von 15.000 Vogelbälgen aufbauen konnte. Nach dem Umweg einer Maurerlehre und eines begonnenen Architekturstudiums brachte eine ausgedehnte Forschungsreise nach Afrika und in den Nahen Osten von 1847 bis 1852 seine Leidenschaft für die Tierwelt zum Durchbruch. Dem Studium der Naturwissenschaften und der Promotion an der Universität Jena 1855 folgten zahlreiche vielbeachtete Publikationen und Forschungsreisen Brehms. Als Direktor des Zoologischen Gartens in Hamburg und des Aquariums in Berlin zählte er zu den angesehensten Vertretern seiner Profession.

Der entscheidende Grund für die ungebrochene Bekanntheit als „Tiervater" war freilich sein von 1864 bis 1869 in sechs Bänden herausgegebenes Hauptwerk „Illustriertes Thierleben. Eine allgemeine Kunde des Thierreichs". Es erschien im damals noch in Hildburghausen (und später in Leipzig) angesiedelten Bibliographischen Institut von Joseph Meyer, bekannt durch „Meyers Lexikon" und den „Duden". Die „Tierbibel des deutschen Volkes" erlebte zahlreiche überarbeitete und erweiterte Neuauflagen über viele Jahrzehnte hinweg. Bald hieß sie nur noch kurz „Brehms Tierleben". Die Verbindung von hohem fachlichen Anspruch und anschaulicher Darstellung mit erstklassigen Illustrationen waren für die populärwissenschaftliche Publizistik wegweisend.

Wichtigster Ort der historischen Erinnerungskultur ist heute die Brehm-Gedenkstätte Renthendorf. Sie ist gleich

In „Brehms
Tierleben"
(Band 5 von
1892) finden
sich anschauli-
che Illustratio-
nen, wie hier die
Inka-Kakadus.

zwei bedeutenden Naturforschern gewidmet: „Tiervater" Alfred Brehm und dessen Vater Christian Ludwig Brehm, dem
„Vogelpastor". Die Wohn- und Arbeits-
stätten vermitteln mithilfe zahlreicher
authentischer Exponate, mit Möbeln,
Alltagsgegenständen, Büchern und
Handschriften, mit Reisemitbringseln

von Brehm junior und Vogelpräparaten
von Brehm senior lebendige Einblicke in
Leben und Werk der beiden berühmten
Thüringer. Die Gedenkstätte umfasst das
Wohnhaus der Brehms und das Pfarr-
haus, in unmittelbarer Nähe befinden
sich die Kirche und der Friedhof mit den
Familiengräbern.

33 Altenburg ist Trumpf
Altenburg und das Skatspiel

Die wettinische Residenz Altenburg hat es als Skatstadt zu großer Bekanntheit gebracht. Hierfür sorgen bis heute das Schloss- und Spielkartenmuseum, der Deutsche Skatverband, das Internationale Skatgericht und die größte Spielkartenfabrik Deutschlands.

Eindrucksvoll thront das Schloss der Wettiner über den Dächern von Altenburg. Jahrhundertelang gehörte die als Reichslandstadt im Pleißenland gegründete wettinische Residenz zu den Eckpfeilern im thüringischen Land der Residenzen. An die frühe Zeit als Barbarossastadt erinnern die Roten Spitzen der 1172 geweihten Marienkirche der Augustiner-Chorherren. Die wettinischen Ernestiner schufen später über das Schloss hinaus eine Residenzlandschaft mit Theater, Museen, Schlosspark,

Orangerie und Marstall. Bedeutende Persönlichkeiten waren hier wirksam, wie Georg Spalatin, der Vertraute Luthers und Vermittler zu Kurfürst Friedrich dem Weisen. Spektakuläre Ereignisse wie der Altenburger Prinzenraum von 1455 sind bis heute auch dank eines rührigen Kulturlebens in Erinnerung.

Letztlich aber war es ein Kartenspiel, das der Stadt zu größter Bekanntheit verhalf. Skat wurde Anfang des 19. Jahrhunderts in Altenburg entwickelt. 1813 taucht der Name erstmals in einer Spiel-

Das imposante Residenzschloss beherbergt das Schloss- und Spielkartenmuseum Altenburg.

Skatkarten von ASS Altenburger gehören auf jeden Spieltisch.

kladde auf. Er stammt vom italienischen „scatare", was so viel wie „wegwerfen" oder „ablegen" heißt und auf die zwei vor Spielbeginn zu „drückenden" Skatkarten anspielt. Elemente von vier Kartenspielen sind zu diesem strategisch reizvollen Spiel mit 32 Karten für drei (oder bei aussetzendem Geber vier) Spieler vereinigt worden: Tarock, L'Hombre, Solo und vor allem Schafkopf.

Skat setzte zunächst vor allem durch Studenten und Kaufleute zu einem raschen Siegeszug durch die Kneipen, Wohnzimmer und viele andere Spielstätten an. Preisskatveranstaltungen waren und sind Großereignisse. Heute gibt es in dem Spiel mit seinem hohen sportlichen Organisationsgrad sogar regelmäßige Wettkämpfe bis hin zur 1. Bundesliga. Die große Beliebtheit färbte natürlich auch auf die Skatstadt Altenburg ab. 1886 fand hier der erste deutsche Skatkongress mit mehr als 1.000 Teilnehmern statt, 1899 wurde der Deutsche Skatverband mit Sitz in Altenburg gegründet. Während der deutschen Teilung 1953 nach Bielefeld verlegt,

kehrte der Verband 2001 wieder nach Altenburg zurück.

Dass in der ostthüringischen Stadt Geschichte und Skat nicht voneinander zu trennen sind, zeigt sich allen voran im Schloss- und Spielkartenmuseum Altenburg. Der Blick geht dort freilich zurück auf über 500 Jahre Spielkartenherstellung vor Ort und die Geschichte der Kartenspiele in aller Welt. Dieses einzigartige Museum ist aber keineswegs der alleinige Ort, der an das prägende Spiel erinnert. Der 1903 errichtete Skatbrunnen am Brühl zeigt die vier Wenzel der deutschen Spielfarben Eichel, Grün, Rot und Schellen im Wettstreit, wobei der ranghöchste „Alte" (Eichel-Wenzel) die Oberhand behält. Als Sitz des Deutschen Skatverbandes und des Internationalen Skatgerichtes befinden sich hier die höchsten Instanzen des beliebten Kartenspiels, das 2016 von der Deutschen UNESCO-Kommission zum immateriellen Kulturerbe erhoben wurde. Die meisten Skatbrüder und -schwestern spielen mit Karten von ASS Altenburger, der 1832 gegründeten und heute größten Spielkartenfabrik Deutschlands.

Über Jahrhunderte florierte die Herstellung von Handfeuerwaffen im idyllisch im Thüringer Wald gelegenen Suhl. Die Waffenstadt wird heute neben den weltweit begehrten Produkten ihrer Büchsenmacher vom Waffenmuseum und Schießsportzentrum verkörpert.

Suhl ist eine Stadt im Umbruch. In der einstigen DDR-Bezirksstadt mit 56.000 Einwohnern leben heute noch 35.000. Von der Industriestadt mit ihren Traditionsunternehmen wie dem Mopedhersteller Simson ist nicht viel geblieben. Dennoch hat der idyllisch mitten im Thüringer Wald gelegene staatlich anerkannte Erholungsort viel zu bieten. Der aufwendig modernisierte DDR-Vorzeigekomplex rund um das heutige Congress Centrum Suhl verleiht ihm großstädtisches Flair, während gleich nebenan die historische Altstadt zum Bummeln einlädt. Dank der 2002 fertiggestellten Thüringer-Wald-Autobahn mit dem Rennsteigtunnel, dem längsten Autobahntunnel Deutschlands, liegen Suhl und das nahe Wintersportzentrum Oberhof auch nicht mehr „hinter den sieben Bergen".

Und man pflegt in Suhl seine historischen Traditionen. Stolz ist die Stadt etwa auf den Volksmusiker Herbert Roth, der hier 1951 mit dem „Rennsteiglied" die heimliche Nationalhymne Thüringens

Das Waffenmuseum Suhl befindet sich im historischen Malzhaus von 1668.

Im Waffenmuseum Suhl finden sich Militärwaffen wie die preußische Kavalleriepistole M 1850 von Sauer & Co.

komponierte. Eine Tradition dominiert jedoch, wie schon der offizielle Marketingslogan deutlich macht: „Suhl trifft – Die Waffenstadt im Thüringer Wald". Die lange zurückreichende Eisenverarbeitung rund um Suhl führte schon im Mittelalter zur Ansiedlung des Waffenhandwerks. Nach der Produktion von Hieb- und Stichwaffen, Rüstungen u.Ä. hielt um 1500 die Herstellung von Handfeuerwaffen Einzug.

Die Waffenfabrikation in der „Rüstkammer Europas", die zeitweise eine monopolartige Stellung einnahm, erlebte bis zum Dreißigjährigen Krieg eine Blütezeit. Auch Rückschläge wie den verheerenden Überfall durch die Kroaten 1634 konnte man überwinden. Vom Thüringer Wald aus wurden die Heere Europas mit Gewehren und Pistolen ausgestattet. Ein weiterer Exportschlager waren prunkvoll verzierte Luxuswaffen für den Adel. Im Industriezeitalter entstanden neben der handwerklichen Jagdwaffenherstellung große Fabriken für Militärwaffen. Heute sind in Suhl noch immer Büchsenmacher

ansässig, deren Jagd- und Sportwaffen weltweit sehr geschätzt werden.

Diese große Tradition wird vor allem vom Waffenmuseum Suhl gepflegt, dem einzigen Spezialmuseum für Handfeuerwaffen in Europa. Es befindet sich im 1668 errichteten Fachwerkbau des ehemaligen Malzhauses, der deutlich mit seiner modernen Umgebung kontrastiert. In der ansprechend gestalteten Dauerausstellung werden die zahlreichen Prunk-, Jagd-, Sport- und Militärwaffen in ihren historischen Kontext eingeordnet. Zu den Highlights des Museums zählen die Sportwaffen vieler Suhler Weltmeister und Olympiasieger. So verhalfen die Entwicklungen etwa den Oberhofer Biathleten zu manchem Vorteil am Schießstand. Aus dem 1971 eingeweihten Schießsportzentrum Suhl-Friedberg, einer international renommierten Trainings- und Wettkampfstätte, gingen zahlreiche Spitzenathleten hervor. Heute ist sie Olympiastützpunkt und Bundesleistungszentrum.

35 Der Kindergarten
Friedrich Fröbel und Thüringen

Friedrich Fröbel gründete 1840 in Bad Blankenburg den ersten Kindergarten und revolutionierte damit die frühkindliche Erziehung. Mittlerweile knüpfen Kindergärten in aller Welt an das pädagogische Konzept des Thüringers an.

Das Kulturland Thüringen hat immer wieder auch der Bildung wichtige Impulse verliehen. Die Kleinstaatenfürsten zogen profilierte Pädagogen an ihre Residenzen, die das Schulwesen erneuerten. So gilt Herzog Ernst der Fromme in Gotha als einer der ersten Landesväter, die im 17. Jahrhundert die Schulpflicht einführten. Von der philanthropischen Erziehungsanstalt Christian Gotthilf Salzmanns in Schnepfenthal (1784) bis hin zum Jena-Plan Peter Petersens (1927) zieht sich die Spur moderner reformpädagogischer Neuansätze.

Der nachhaltigste Beitrag zur Bildungsgeschichte ist die Erfindung des Kindergartens durch Friedrich Fröbel. Fröbel wurde 1782 in Oberweißbach im Thüringer Wald geboren und entstammte wie so viele bedeutende Geister einem evangelischen Pfarrhaus. Das besondere Verdienst des Pädagogen und Pestalozzi-Schülers besteht neben seinen Beiträgen zur Schulentwicklung darin, die Bedeutung der frühen Kindheit erkannt sowie hierfür ein System von Liedern, Beschäftigungen und Spielgaben (Kugel, Walze, Würfel) geschaffen zu haben.

Sein 1840 eröffneter Kindergarten in Bad Blankenburg unterschied sich von den üblichen „Kinderbewahranstalten" durch das pädagogische Konzept von Bildung, Erziehung und Betreuung mit ausgebildetem Personal. Für Letzteres konnte Fröbel im Marienthaler Schlösschen bei Bad Liebenstein 1850 die erste Kindergärtnerinnenschule einrichten. Bis heute stehen die anregende Förderung des Spiels von Kindern und die Unterstützung bei deren Eroberung ihrer Umwelt im Mittelpunkt. Dieses Konzept hatte im Sinne der Aufklärung den frei denkenden und selbsttätigen Menschen zum Ziel. Das besaß Mitte des 19. Jahrhunderts durchaus politische Brisanz und führte 1851 zum Verbot des Kindergartens in Preußen.

Herzstück der heutigen Erinnerungskultur ist das Friedrich-Fröbel-Museum Bad Blankenburg am Ursprungsort des Kindergartens, dem „Haus über dem Keller". Die Stadt hatte Fröbel 1839 das Gebäude zur Erprobung seines Konzeptes zur Verfügung gestellt. Das Museum ist ein lebendiger Begegnungsort, der sich dem Wirken Fröbels widmet. Weitere Erinnerungsstätten finden sich in seiner Geburtsstadt mit dem Memorialmuseum Fröbelhaus Oberweißbach und nahe Bad Blankenburg mit der Freien Fröbelschule und dem Fröbelschulmuseum Keilhau. 1852 im Marienthaler Schlösschen verstorben, fand Fröbel auf dem Friedhof des Bad Liebensteiner Ortsteils Schweina seine letzte Ruhestätte.

Darüber hinaus kann man jede der unzähligen vorschulischen Einrichtungen weltweit als Fröbel-Erinnerungsort

Das Friedrich-Fröbel-Museum in Bad Blankenburg ist ein lebendiger Erinnerungsort an den Ursprung des Kindergartens.

ansehen. Der in viele Sprachen übernommene Begriff „Kindergarten" steht dabei für fortschrittliche Erziehung Made in Germany. Am 21. April, Fröbels Geburtstag, wird der Internationale Kindergarten-Tag gefeiert, der beispielsweise in den USA als „National Kindergarten Day" begangen wird. Ausgerechnet in seinem Herkunftsland Deutschland ist man jedoch dabei, den Kindergarten durch die bürokratische Ersatzbezeichnung „Kindertagesstätte" (Kita) zu verdrängen. Nicht nur in Bad Blankenburg bemühen sich deshalb Fröbel-Anhänger darum, das bedeutende pädagogische Erbe des Thüringers zu erhalten.

Die Sonneberger Spielwarenhändler machten die Stadt um 1900 zur Spielzeug-Weltmetropole. An diese Blütezeit erinnert das Deutsche Spielzeugmuseum. Aber auch erfolgreiche Unternehmen wie der Modelleisenbahn-Hersteller PIKO halten diese Tradition lebendig.

Die alte südthüringisch-fränkische Stadt Sonneberg gelangte 1353 zusammen mit dem nahen Coburg von den einst mächtigen Grafen von Henneberg an die Wettiner. Mit der Leipziger Teilung 1485 fiel es deren ernestinischer Linie zu und gehörte nach mehrfachen Herrscherwechseln in der bunten Kleinstaatenwelt Thüringens schließlich bis 1918 zum Herzogtum Sachsen-Meiningen. Sonneberg bildete dabei den wirtschaftlichen Mittelpunkt des sogenannten Meininger Oberlandes.

An der Wende zum 18. Jahrhundert begann der Siegeszug eines Wirtschaftszweiges, der Sonneberg wie kein anderer prägen sollte – die Herstellung und der Export von Spielwaren. Firmennamen wie Dressel oder Schilling erlangten Weltruf, Innovationen wie das Papiermachee in der Puppenherstellung machten Sonneberg zum internationalen Marktführer. Deshalb setzte sich vor dem Ersten Weltkrieg der Begriff der „Weltspielwarenstadt" durch. In und um die Stadt wurden rund 20 Prozent der auf

Das Deutsche Spielzeugmuseum Sonneberg ist das älteste und wichtigste Spezialmuseum seiner Art.

Die „Thüringer Kirmes" ist eine der Attraktionen im Spielzeugmuseum.

dem Weltmarkt gehandelten Spielwaren vorwiegend in Heimarbeit hergestellt.

Gingen auch die Zäsuren des 20. Jahrhunderts an Sonneberg nicht spurlos vorbei, konnte es doch seine Tradition als Spielzeugstadt bewahren. Herausragender Erinnerungsort ist das älteste und wichtigste Spezialmuseum seiner Art, das Deutsche Spielzeugmuseum Sonneberg. 1901 als Gewerbemuseum des Meininger Oberlandes gegründet, erhielt es angesichts der dominierenden Stellung der Leitbranche sein heutiges Profil. Highlights des zu den wichtigen kulturhistorischen Sammlungen in Deutschland zählenden Museums sind Sonneberger Holzspielwaren des 18. und 19. Jahrhunderts, Figuren aus Brotteig und Papiermachee, einheimische Puppen, Spielzeug aus dem alten Ägypten und der Antike, aus Ostasien und Afrika. Mit den großen Schaustücken „Gulliver in

Liliput" und „Thüringer Kirmes" konnten Zeugnisse der aufwendigen Spielzeugwerbung bewahrt werden, die auf den Weltausstellungen um 1900 gezeigt worden waren. Dank umfassender Modernisierungen und Erweiterungen kann das traditionsreiche Haus heute die Veränderungen der „Kleinen Welten" des Spielzeugs über die Jahrhunderte hinweg nachvollziehbar machen.

Die Sonneberger Spielzeugbranche ist aber keineswegs nur noch im Museum präsent. Die PIKO Spielwaren GmbH etwa, hervorgegangen aus dem gleichnamigen großen DDR-Kombinat, konnte sich nach 1990 auf dem Markt behaupten und ist heute einer der führenden europäischen Modelleisenbahnhersteller. Er bietet zahlreiche der beliebten Schienenfahrzeuge und Zubehör in den vier Modellbaugrößen G, H0, TT und N an.

37 Der liberale Herzog
Herzog Ernst II. und Gotha

Ernst II. von Sachsen-Coburg und Gotha förderte die liberale Nationalbewegung, das Sänger- und Schützenwesen. Unter seinen kulturellen Leistungen ragt das Herzogliche Museum in Gotha heraus, das als „thüringischer Louvre" Kunst von Weltrang bietet.

1825 starb das auf Ernst den Frommen zurückgehende Haus Sachsen-Gotha-Altenburg aus, was die letzte große Umverteilung der ernestinischen Herzogtümer auslöste. Nach monatelangen hartnäckigen Verhandlungen entstanden neben dem Großherzogtum Sachsen-Weimar-Eisenach die neuen Herzogtümer Sachsen-Coburg und Gotha, Sachsen-Meiningen und Sachsen-Altenburg.

Das Doppelherzogtum Sachsen-Coburg und Gotha hat sich vor allem durch seine verwandtschaftlichen Beziehungen zum europäischen Hochadel bis hin zum britischen Königshaus hervorgetan. Unter Herzog Ernst II. (reg. 1844–1893) stieg es aber auch zu einem Zentrum des Liberalismus und der Nationalbewegung auf. Im Juni 1849 fand hier nach dem gescheiterten Frankfurter Paulskirchen-Parlament das „Gothaer Nachparlament" statt, dessen Mehrheit auf einen deutschen Bundesstaat unter preußischer Führung zielte. In Preußen verfolgten Intellektuellen, wie dem Schriftsteller Gustav Freytag, bot der Herzog großzügig Asyl. Hieran erinnert heute die Gustav-Freytag-Gedenkstätte im Vorort Siebleben.

Die Sänger- und Schützenbewegung, ein wichtiges Rückgrat des Nationalismus, besaß ebenfalls einen Schwerpunkt in Gotha. So fand hier 1861 unter dem Protektorat Ernsts II. das erste Deutsche Schützenfest mit Gründung des Deutschen Schützenbundes statt. Der Herzog selbst besaß seit dem Sieg der deutschen Bundestruppen gegen Dänemark 1849 als „Sieger von Eckernförde" den Status eines Nationalhelden. Als schillernde Persönlichkeit nahm er eine aktive Führungsstellung in der Nationalbewegung ein. Nach der Reichseinigung 1871 trat Ernst dann allerdings politisch zunehmend in den Hintergrund.

Auch an die großen kulturellen Leistungen seiner Vorfahren knüpfte Ernst II. in beachtlichem Maße an. Mit dem 1879 eingeweihten Herzoglichen Museum Gotha im Schlosspark setzte er sich sein imposantestes Denkmal. Der klassizistische Prachtbau beherbergte ursprünglich die gesamten Sammlungen aus Natur und Kunst. In der DDR-Zeit nur noch als Naturkundemuseum genutzt, präsentiert das sanierte Museum seit 2013 wieder einen Großteil der Kunstsammlungen.

Der international viel beachtete „thüringische Louvre" bietet Exponate aus der Antike, eine Skulpturensammlung mit dem größten Bestand an Werken des Bildhauers Jean-Antoine Houdon, der Figurengruppe des Farnesischen Stiers von Adrian de Vries und dem Skulpturenpaar Adam und Eva von Conrat Meit, keramische Sammlungen sowie eine

Im Lichthof des Herzoglichen Museums findet sich eine Bronzestatue Ernsts II.

hochkarätige Gemäldegalerie. Letztere umfasst holländische Maler wie Peter Paul Rubens und deutsche Meisterwerke von Caspar David Friedrich oder Heinrich Tischbein d. Ä. Das „Gothaer Liebespaar" genießt Weltbekanntheit.

Zahlreiche Gemälde verweisen auf Lucas Cranach d. Ä. Die Bilder von Luther, von dessen Familie und Schutzherren gehören in den Zusammenhang des Selbstverständnisses der Ernestiner als Bewahrer des reformatorischen Erbes.

38 Blutiger Weg zur Einheit
Die Schlacht von Langensalza 1866

Die Schlacht von Langensalza war ein Schlüsselereignis im Preußisch-Österreichischen Krieg 1866. Wenige Tage vor Königgrätz fiel hier die erste Entscheidung für Preußen, das 1871 zur Vormacht des neuen Deutschen Kaiserreiches aufstieg.

Als 1866 im deutschen „Bruderkrieg" die Entscheidung zwischen Preußen und Österreich fiel, rückte Thüringen erneut in den Mittelpunkt des Kriegsgeschehens. Die beiden Großmächte hatten seit der Jahrhundertmitte verstärkt um die Vorherrschaft im Deutschen Bund gerungen. 1864 im ersten der „Reichseinigungskriege" noch gemeinsam gegen Dänemark siegreich,

entzündete sich Anfang Juni 1866 an der Schleswig-Holstein-Frage der nächste Krieg. Preußen lehnte vor dem Bundestag die von Österreich vorgeschlagene Schaffung eines Mittelstaates Schleswig-Holstein ab, auf das man selbst ein Auge geworfen hatte. Ministerpräsident Otto von Bismarck erklärte schließlich den Bund für aufgelöst – der „Deutsche Krieg" hatte begonnen.

Wenige Tage vor der Entscheidungsschlacht von Königgrätz (Hradec Králové) in Böhmen am 3. Juli 1866 rückte Thüringen als Schauplatz des zweiten maßgebenden Gefechtes in den Fokus. Das Königreich Hannover, wie die meisten süddeutschen Staaten an der Seite Österreichs stehend, versuchte sich mit seiner Armee in Richtung Bayern durchzukämpfen. Doch die Preußen verstanden es, diesen Durchbruchsversuch rechtzeitig zu verhindern. Am 29. Juni 1866 musste die Hannoversche Armee bei Langensalza kapitulieren.

Nach einem ersten erfolgreichen Gefecht rund um die Stadt am 27. Juni hatten sich die Hannoveraner nach zwei Tagen der Überlegenheit Preußens und seines Verbündeten Sachsen-Coburg und Gotha beugen müssen. Da waren zum einen die modernen Zündnadelgewehre, die auch in der Königlichen Gewehrfabrik Erfurt seit 1862 produziert wurden. Noch wichtiger war zum anderen die Nutzung des jungen Verkehrsmittels Eisenbahn. Mit dessen Hilfe konnte in kürzester Frist nach anfänglicher Unterlegenheit ein Ring von 40.000 Soldaten um die 20.000 Hannoveraner samt ihren König Georg V. gezogen werden.

Die „preußische Mission" zur Einigung Deutschlands schien damit ein gutes Stück vorangekommen zu sein und sollte schon wenig später ihre Erfüllung finden. Dem Preußisch-Österreichischen Krieg folgte bereits 1870/71 der Deutsch-Französische Krieg. Am Ende des dritten der „Reichseinigungskriege" stand die Gründung des Deutschen Kaiserreiches. Die Reichseinigung mit „Eisen und Blut" durch den jetzigen Reichskanzler Bismarck war vollzogen.

In Bad Langensalza, heute eine malerische Kurstadt am Rande des Nationalparks Hainich, erinnern zahlreiche Denkmale an das Kriegsgeschehen von 1866 in und um die Stadt. Sie sind vor allem den Opfern der Schlacht gewidmet. Neben rund 600 Toten waren mehr als 2.000 Verwundete zu beklagen, um die sich erstmals auch das Rote Kreuz kümmerte. Das Stadtmuseum im Augustinerkloster Bad Langensalza bietet eine anschauliche Ausstellung zu jenem bedeutenden historischen Ereignis. Heraus ragen ein großes Modell des Schlachtfeldes sowie zahlreiche Sachzeugen, wie das legendäre Zündnadelgewehr der Preußen. Dieses war übrigens von Johann Nikolaus Dreyse im nahen Sömmerda entwickelt worden.

Attacke der hannoverschen Kavallerie auf zwei preußische Geschütze in der Schlacht bei Langensalza am 27. Juni 1866 (Gemälde von Georg von Boddien, Stadtmuseum Bad Langensalza).

Herzog Georg II. von Sachsen-Meiningen war ein liberal-kunstsinniger Monarch und Theaterreformer. Gefeierte Tourneen von 1874 bis 1890 bescherten den Meiningern Weltruhm, woran heute unter anderem das Theatermuseum erinnert.

Wie in allen deutschen Staaten mussten sich auch die thüringischen Fürsten im zweiten der „Reichseinigungskriege" zwischen Preußen und Österreich 1866 für eine der beiden Großmächte entscheiden. Sachsen-Coburg und Gotha, Sachsen-Altenburg und Schwarzburg-Sondershausen waren von Beginn an mit Preußen verbündet. Nach den Entscheidungsschlachten bei Langensalza und Königgrätz vollzogen auch die neutralen Staaten Sachsen-Weimar-Eisenach, Schwarzburg-Rudolstadt und Reuß jüngere Linie den Schritt an die Seite des Siegers. Ihre Parteinahme für Österreich hätten dagegen Sachsen-Meiningen und Reuß ältere Linie fast mit ihrer Existenz

bezahlt. Nur der Intervention anderer Fürsten beim preußischen König verdankten sie ihren Fortbestand, der auf Druck Bismarcks jedoch unter harten Auflagen garantiert wurde.

Eine dieser Auflagen war der Rücktritt Herzog Bernhards II. in Meiningen zugunsten seines Sohnes Georg. Der nunmehrige Herzog Georg II. war ein sehr musischer Mensch, an dessen Erziehung unter anderem der Kindergartenbegründer Friedrich Fröbel teilgehabt hatte. Selbst in vielen Kunstgattungen aktiv, hatte er großzügig als Mäzen zeitgenössische Künstler gefördert. Durch seine liberal-humanistische Grundeinstellung geriet der 1914 verstorbene Monarch in

Das Theatermuseum „Zauber der Kulisse" erinnert an die weltberühmten Meininger unter „Theaterherzog" Georg II.

Das Theater Meiningen wurde unter Herzog Georg II. 1909 errichtet.

der Wilhelminischen Ära in Konflikt mit Kaiser Wilhelm II. Die nicht standesgemäße Heirat mit der Schauspielerin Ellen Franz 1873 machte ihn in Hochadelskreisen zum Außenseiter. An die zur Freifrau von Heldburg erhobene dritte Herzogsgattin wird im Deutschen Burgenmuseum Veste Heldburg erinnert.

In die internationale Kulturgeschichte eingegangen ist Georg II. freilich in erster Linie als „Theaterherzog". Er war wesentlich beteiligt an der Reorganisation des Meininger Hoftheaters und der Meininger Theatertruppe, den bald weltberühmten „Meiningern". Georg führte selbst Regie, entwarf Kostüme und reformierte das Regietheater mit den sogenannten Meininger Prinzipien. Die Meininger wurden bei Auftritten in Berlin, Wien, Moskau, London und vielen weiteren Städten Europas gefeiert. Mit ihren langen Tourneen von 1874 bis 1890 trugen sie zur

Modernisierung des Theaters maßgeblich bei. 1880 mit Hans von Bülow beginnend, wandelte sich auch die Meininger Hofkapelle zu einem Eliteorchester. Hierzu trug mit Johannes Brahms einer der vielen Künstlerfreunde Georgs bei, der mit der Hofkapelle zusammenarbeitete.

Der ungebrochen gute Ruf der Theaterstadt wird heute allen voran im 1909 unter Georg II. erbauten Theater Meiningen gepflegt. Ganz den Meiningern und ihrem „Theaterherzog" ist das Theatermuseum „Zauber der Kulisse" in der ehemaligen Reithalle vis-à-vis dem Residenzschloss Elisabethenburg gewidmet. Dort sind die beeindruckenden Kulissen der Theatertruppe und viele andere originale Ausstattungsstücke aus der Zeit Georgs II. zu bestaunen. Hierbei spürt man Grundsätze wie absolute Werktreue der Aufführungen mit bis ins Detail den historischen Vorbildern nachempfundenen Kostümen.

40 Der deutsche Darwin
Ernst Haeckel in Jena

Der Zoologe Ernst Haeckel hat die Gedanken von Charles Darwin in Deutschland popularisiert und zu einer eigenen Abstammungslehre weiterentwickelt. Hieran erinnern vor allem das Phyletische Museum und das Ernst-Haeckel-Haus der Universität Jena.

Der Mediziner, Zoologe und Philosoph Ernst Haeckel gehört zu den Wissenschaftlern, die unser heutiges modernes Weltbild wesentlich mitgeformt haben. Er hat die bahnbrechenden Gedanken von Charles Darwin, der den Menschen wie alle Lebewesen entgegen der biblischen Schöpfungsgeschichte als Ergebnis eines langen evolutionären Prozesses sah, zu einer eigenen Abstammungslehre mit biogenetischen

Das Ernst-Haeckel-Haus informiert über das Leben und Werk des einstigen Bewohners.

Gesetzmäßigkeiten ausgebaut. Haeckels Schriften waren zudem ein wichtiger Beitrag zur Verbreitung des Darwinismus in Deutschland.

Schauplatz dieser wissenschaftsgeschichtlich bedeutsamen Vorgänge war die Universität Jena, an der Haeckel fast fünf Jahrzehnte als Professor tätig war. 1834 als Sohn eines preußischen Beamten in Potsdam geboren, studierte er zunächst Medizin. In Würzburg arbeitete er als Assistent des berühmten Arztes Rudolf Virchow und kam bei ausgedehnten Forschungsreisen auch mit Charles Darwin direkt in Kontakt. Danach ging Haeckels Karriere in Jena rasant voran: 1861 wurde er mit einer Schrift über die Strahlentierchen an der „Salana" habilitiert und zum außerplanmäßigen Professor ernannt, hielt ein Jahr später die erste Vorlesung über die Entstehung der Arten und wurde 1865 auf die Professur für Zoologie berufen. Seine Lehrtätigkeit endete erst 1909 mit 75 Jahren, ehe er zehn Jahre später in Jena verstarb.

Haeckels internationalen Ruf begründeten zunächst Publikationen zur Meeresbiologie. Rasch nahm er Darwins „Entstehung der Arten" (1859) auf und veröffentlichte 1866 seine „Generelle Morphologie der Organismen" zur Evolutionstheorie, in der er biologische und weltanschauliche Aspekte verknüpfte.

Das Phyletische Museum in Jena.

Neben akademischen Arbeiten hat Haeckel durch populärwissenschaftliche Publikationen die Abstammungslehre verbreitet, beginnend mit der „Natürlichen Schöpfungsgeschichte" (1868). Das brachte dem streitbaren Wissenschaftler viel Anerkennung, aber auch Anfeindungen als „Affenprofessor" ein. Später wurden seine Gedanken etwa für Rassismus und Eugenik der Nationalsozialisten instrumentalisiert.

Die zwei wichtigsten Erinnerungsorte sind heute das Ernst-Haeckel-Haus und das Phyletische Museum in Jena. Die 1883 von Haeckel als Wohnsitz errichtete „Villa Medusa" gehört der Friedrich-Schiller-Universität Jena. Hier werden im authentischen Umfeld Leben und Wirken anhand von originalen Manuskripten, Briefen, Zeichnungen, Gemälden, Fotos und Druckschriften dargestellt. Dabei

beeindrucken die künstlerischen Fähigkeiten Haeckels, der viele seiner Werke selbst illustrierte.

Das in seiner Art einzigartige Phyletische Museum, 1908 von Haeckel der Universität übergeben, widmet sich vor allem der Stammesgeschichte. Haeckel hatte hierfür den Begriff Phylogenese geprägt, der auch dem Museum seinen Namen gab. In der Ausstellung wird das gesamte Tierreich gezeigt, vom Badeschwamm über die Ohrenqualle bis zum Tiger. Besonders hervorgehoben werden die Themen Evolution und Menschwerdung. Das Museum mit regelmäßigen Sonderausstellungen ist ebenfalls in der Forschung aktiv, vor allem zur Stammesgeschichte und Biodiversität von Insekten. Die umfangreiche Sammlung geht bis ins 17. Jahrhundert zurück und wurde zeitweise auch von Goethe betreut.

41 Die soziale Frage
Der Erfurter Parteitag der SPD 1891

1891 fand der Erfurter Parteitag der SPD mit der Verabschiedung
des Erfurter Programms statt. Nach der Unterdrückung durch das
Sozialistengesetz wurde damit für Jahrzehnte der Kurs der Arbeiterpartei
festgelegt.

Mitte des 19. Jahrhunderts setzte das Industriezeitalter ein. Es warf rasch die „soziale Frage" auf, die sich mit den Lebensbedingungen der rasant wachsenden Arbeiterschaft beschäftigte. Politischer Interessenvertreter der Arbeiter wurde die Sozialdemokratie, deren Wurzeln in Thüringen liegen: 1869 am Fuße der Wartburg gegründet, verbanden sich die „Eisenacher" um „Arbeiterkaiser" August Bebel 1875 in Gotha mit dem Allgemeinen Deutschen Arbeiterverein. Die „Sozis" forderten soziale Gerechtigkeit und demokratische Mitbestimmung, was ihnen den Ruf einer „roten Umsturzpartei" im Kaiserreich einbrachte. Mit dem „Sozialistengesetz" von 1878 bis 1890 versuchte Reichskanzler Otto von Bismarck sie zu zerschlagen.

Nach über einem Jahrzehnt der Illegalität galt es dann zurück auf die politische Bühne zu finden. Der Vorsitzende Paul Singer eröffnete am 14. Oktober 1891 den Erfurter Parteitag mit dem Ziel, ein Programm zu erarbeiten, das „unsere Forderungen in klarer und allgemein verständlicher Form zum Ausdruck bringt." In Gegenwart von August Bebel und 235 Delegierten begann eine Woche voller Beratungen im Kaisersaal in der Futterstraße. Welche Ideologie sollte dem Programm zugrunde liegen? Welche politischen Ziele sollte man sich stecken? Wie

konnte das Leben der Arbeiter verbessert werden, die bis zu zwölf Stunden schuften mussten und in „Mietskasernen" hausten? Am Ende wurde das „Erfurter Programm" beschlossen, das über Jahrzehnte den Kurs der Partei bestimmte und internationale Vorbildwirkung entfaltete.

Im ersten Teil ging das Programm, Karl Marx folgend, von der Zuspitzung des Klassenkampfes zwischen Bourgeoisie und Proletariat aus. Einen Ausweg biete nur die Vergesellschaftung des Privateigentums an den Produktionsmitteln. Im zweiten Teil folgten praktische Forderungen wie demokratisches Wahlrecht, Vereinigungs- und Versammlungsfreiheit, Gleichberechtigung der Frau, Achtstundentag sowie das Verbot der Kinder- und Nachtarbeit.

Die Vorstellungen über eine zukünftige Gesellschaft blieben vage und traten hinter den realpolitischen Forderungen zurück. In der SPD-Hochburg Erfurt wurde damit nicht nur der neue Name Sozialdemokratische Partei Deutschlands festgeschrieben, sondern auch der spannungsreiche Kurs zwischen revolutionärer Theorie und sozialreformerisch-demokratischer Praxis eingeschlagen. Nach 1945 verabschiedete sich die SPD in der Bundesrepublik endgültig vom Marxismus und erklärte sich zur Partei von Freiheit,

Im Kaisersaal fand 1891 der wegweisende Erfurter Parteitag der SPD statt.

Gerechtigkeit und Solidarität in der marktwirtschaftlichen Gesellschaft.

Erinnert wird an den Erfurter Parteitag heute mit einer Gedenktafel am Kaisersaal, wo sich in der DDR-Zeit sogar eine Gedenkstätte befand. Bei besonderen Anlässen macht man im Kultur- und Kongresszentrum auf das Ereignis aufmerksam. Nur wenige Schritte entfernt finden sich im Stadtmuseum Erfurt „Haus zum Stockfisch" in der Johannesstraße weitere historische Spuren. Der Ausstellungsabschnitt zur modernen Industriegroßstadt Erfurt präsentiert neben Relikten der SPD-Geschichte auch eine Kopie des Wanderstocks von August Bebel, mit dem dieser die Verhandlungen des Parteitags dirigiert haben soll.

Das Kyffhäuserdenkmal auf der einstigen Reichsburg Kyffhausen soll das Deutsche Kaiserreich von 1871 verkörpern. Es verbindet den Mythos von Kaiser Barbarossa mit dem Hohenzollern-Kaiser Wilhelm I., der als „Reichsgründer" dessen Mission erfüllt habe.

Seit der Zeit der Salier hatten die regionalen Herrscherhäuser immer mehr an Macht gewonnen, was später in die charakteristische Kleinstaatenwelt Thüringens münden sollte. Das Reichsoberhaupt suchte dagegen u.a. durch Burgenbau seine Position zu stabilisieren. Bekanntestes Beispiel ist die Reichsburg Kyffhausen auf dem Kyffhäusergebirge. Im 12. und 13. Jahrhundert erlebte die imposante Höhenburg oberhalb der Pfalz Tilleda unter den Königen und Kaisern aus dem Geschlecht der Staufer ihre Blütezeit. Unter ihnen erfolgte auch die Anlage der Reichsstädte Nordhausen und Mühlhausen, die sich dauerhaft als Stütze der Reichsgewalt behaupten konnten.

Jene letzte Blüte der kaiserlichen Zentralgewalt in Thüringen war der Ausgangspunkt für die spätere Verknüpfung des Kyffhäusers mit der Sage über Kaiser Friedrich I. Barbarossa, der dort auf seine Rückkehr warten solle, bis ihn das Reich wieder brauche. Es kam aber bekanntlich anders. Es waren die Preußen, die 1871 nach drei „Reichseinigungskriegen" das zweite Deutsche Kaiserreich begründeten. Hierauf verweist auch das vom Deut-

schen Kriegerbund angeregte Kaiser-Wilhelm-Nationaldenkmal auf dem Kyffhäuser, das 1896 feierlich eingeweiht wurde. Das gewaltige Kyffhäuserdenkmal gilt als zweitgrößtes Nationaldenkmal in Deutschland nach dem Völkerschlachtdenkmal in Leipzig.

Auf dem Gelände der ehemaligen Reichsburg hatte man ein 81 Meter hohes Denkmal errichtet, das sich an die Burgenarchitektur der Stauferzeit

Das Kyffhäuserdenkmal gilt als zweitgrößtes Nationaldenkmal in Deutschland.

anlehnt. Sein markanter Turm ragt weit in die Landschaft und wird von einer Kaiserkrone gekrönt. Am Sockel befindet sich eine Sandsteinfigur von Kaiser Friedrich I. Barbarossa (reg. 1152–1190), der gerade aus seinem jahrhundertelangen Schlaf zu erwachen scheint. Darüber befindet sich ein bronzenes Reiterstandbild Kaiser Wilhelms I. (reg. 1871–1888).

Mit dem Zusammenführen beider Kaiser in einem Denkmal wollte man symbolisch das verklärte mittelalterliche Kaiserreich mit dem neuen preußisch-deutschen Nationalstaat von 1871 in Verbindung setzen. Auf diesem Wege sollte zugleich der neuen Kaiserdynastie der Hohenzollern eine weit zurückreichende Traditionslinie verschafft werden. Der beliebte „Reichsgründer" hatte, so die Aussage, den alten Barbarossa-Mythos erfüllt. Die Verknüpfung von Barbarossa („Rotbart") und Barbablanca („Weißbart") gewann nach dem Tod Kaiser

Wilhelms I. weiter an Popularität. Mit dem Kyffhäuserdenkmal fand sie nur ihren monumentalsten Ausdruck. Die beiden Kaiser waren etwa auch an der Fassade des Erfurter Rathauses zu finden.

Seine zunehmende nationalistische Instrumentalisierung brachte den Rotbart-Weißbart-Mythos jedoch nach dem Zweiten Weltkrieg in Verruf. Nach 1945 war es ausgerechnet die sowjetische Besatzungsmacht, die eine Zerstörung des Denkmals durch die Kommunisten verhinderte – die Deutschen sollten vielmehr mit ihrer Geschichte und deren Denkmalen leben lernen. Heute gehört das Kyffhäuserdenkmal mit seinem touristischen Umfeld zu den beliebtesten Ausflugszielen in Thüringen. Neben dem Charakter als vielschichtiges historisches Highlight dürfte hierzu auch der grandiose Ausblick vom Turm des Denkmals über weite Teile des Landes vom Harz bis zum Thüringer Wald beitragen.

43 Die Blumenstadt
Erfurt und der Gartenbau

Schon die Mittelaltermetropole Erfurt verdankte ihre Macht der Färberpflanze Waid. Im 19. Jahrhundert stieg die Stadt zu einem internationalen Zentrum des Gartenbaus auf. Aushängeschild ist heute der egapark, 2021 Herzstück der Bundesgartenschau.

Der einst weltweit verbreitete Beiname „Blumenstadt" stammt zwar aus dem 19. Jahrhundert, doch reicht die enge Verbindung Erfurts mit Kulturpflanzen viel weiter zurück. Im Mittelalter bildete das Blaufärbemittel Waid eine wesentliche Grundlage für den Wohlstand und die Macht der thüringischen Metropole.

2021 ist Erfurt Gastgeber der Bundesgartenschau.

Nicht zuletzt dank der Einnahmen aus dem europaweiten Waidhandel konnte sich die Stadt ihre Autonomie vom Mainzer Landesherrn buchstäblich erkaufen. Allerdings beherrschte Waid die Erfurter Fluren keineswegs als Monokultur. Das Spektrum reichte vom Gartenbau bis hin zum Weinanbau. Martin Luther rühmte Erfurt gar als „Gärtner des Reiches".

Als frühes Globalisierungsopfer erlag der Waidhandel jedoch im 17. Jahrhundert dem Indigo. Erfurt konnte hierauf mit einer Umprofilierung antworten, wie sie mehrfach in der Geschichte der Stadt gefragt war. Im 18. Jahrhundert wurde durch Christian Reichart der moderne Erwerbsgartenbau begründet und Erfurt zu einem Zentrum in Deutschland. Nicht ohne Grund hat die dankbare Gemeinde Reichart 1867 das erste Denkmal für einen Bürger gesetzt.

Der rasante Aufstieg des Gartenbaus fand um 1900 seinen Höhepunkt. Die großen Erfurter Gartenbaudynastien – Haage, Benary, Schmidt, Heinemann, Chrestensen – erlangten Weltgeltung. Mit beeindruckenden Gartenbauausstellungen untermauerte man den Ruf als „Blumenstadt". Symbolträchtig brachte die Stadt 1890 im Monumentalbrunnen am Anger den Stellenwert der Branche zum Ausdruck: Neben einer männlichen Figur, die für Industrie und Handwerk

Der 1961 eröffnete egapark ist das Aushängeschild der Blumenstadt Erfurt.

steht, erinnert die „Flora" als Sinnbild des Gartenbaus an die Blütezeit der Blumenstadt Erfurt.

Die repräsentativen Geschäftshäuser der Gartenbauunternehmen, ihre ausgedehnten Betriebsgelände, Gewächshäuser und Blumenfelder prägten zudem das Stadtbild. Man muss sich Erfurt in dieser Zeit als Insel in einem „Meer von berauschend duftenden, in allen Farben leuchtenden Blüten: Rosen und Veilchen, Reseden, Levkojen und Tulpen, Balsaminen" vorstellen, wie es der Berliner Reiseschriftsteller Karl Emil Franzos 1901 beschrieben hat. Der Beiname „Blumenstadt" wurde dabei zunehmend auch zum Imagefaktor im Fremdenverkehr.

Die beiden Weltkriege und die DDR-Zeit untergruben die einstige Weltgeltung des Erfurter Gartenbaus jedoch. Den-noch ist er nach wie vor ein wichtiger Faktor in Wirtschaft, Wissenschaft und Bildung. Mit der 1961 eröffneten Internationalen Gartenbauausstellung (iga) und dem Deutschen Gartenbaumuseum konnte zudem an die großen Traditionen angeknüpft werden. Der heutige egapark, entworfen vom renommierten Gartenarchitekten Reinhold Lingner, ist das bedeutendste Gartendenkmal der 1960er-Jahre in Deutschland und die meistbesuchte touristische Attraktion Thüringens. Er soll zugleich den Kern der Bundesgartenschau 2021 in Erfurt bilden. Die Buga kehrt damit an ihren traditionsreichen Ursprungsort zurück, gilt doch die international besetzte „Allgemeine deutsche Ausstellung von Produkten des Land- und Gartenbaues" 1865 in Erfurt als eine Art „Ur-Bundesgartenschau".

44 Der selbstbewusste Künstler
Otto Dix und Gera

Otto Dix gilt als einer der bedeutendsten Maler des 20. Jahrhunderts, der stolz über sich sagte: „Die Neue Sachlichkeit, das habe ich erfunden." Daran, dass Dix aber durchaus auch impressionistische und sogar religiöse Bilder schuf, erinnert das Otto-Dix-Haus in seiner Geburtsstadt Gera.

Otto Dix wurde 1891 in Untermhaus geboren, heute ein Stadtteil von Gera. Die idyllische Lage seines Geburtshauses an der Marienkirche nahe dem Ufer der Weißen Elster mag über die einfachen Verhältnisse hinwegtäuschen, unter denen Dix aufwuchs. Er entstammte dem proletarischen Milieu der pulsierenden ostthüringischen Industriestadt, der Vater war Eisenformer, die

Otto Dix' Selbstbildnis als Raucher von 1913.

Mutter Näherin. Die Eltern bewohnten im damaligen Mietshaus zwei Zimmer. Es war dem kleinen Otto also keineswegs in die Wiege gelegt, zu einem der bedeutendsten deutschen Maler des 20. Jahrhunderts aufzusteigen.

Sein Talent wurde bereits in der Schule gefördert. Nach einer Lehre bei einem Geraer Dekorationsmaler ermöglichte Dix' Landesvater, Fürst Heinrich XIV. von Reuß, dem Arbeiterkind von 1910 bis 1914 ein Studium an der Kunstgewerbeschule in Dresden – eines der vielen kulturellen Verdienste der späten Kleinstaatenherrscher. Dix setzte sich im glanzvollen „Elbflorenz" mit der Kunstgeschichte auseinander, orientierte sich aber auch an der expressionistisch-futuristischen Avantgarde.

Die zentrale biografische Zäsur wurde für Otto Dix die Teilnahme am Ersten Weltkrieg (1914–1918). Der Freiwillige diente an der Ost- und Westfront, rückte als Artillerist und MG-Schütze bis zum Vizefeldwebel auf. Nach Kriegsende konnte er ein Studium an der Kunstakademie Dresden aufnehmen und erlangte schon 1927 eine Professur. 1933 von den Nationalsozialisten aus dem Amt gedrängt, wurde der Künstler nach 1945 in Ost und West hoch geschätzt. Die Anerkennung galt dabei vor allem der außergewöhnlichen Verarbeitung der

Das Otto-Dix-Haus liegt malerisch im Geraer Stadtteil Untermhaus neben der Marienkirche.

Schrecken des Krieges. Dix' 1932 vollendeter Triptychon „Der Krieg" gilt als einer der Höhepunkte der Kunstgeschichte. Auch die in den „Goldenen Zwanzigern" entstandenen Werke und dabei vor allem seine „Krüppelbilder" zeigen immer wieder die Folgen des Krieges auf.

Dix' Meisterwerke hängen heute als Klassiker in den großen Museen Deutschlands, so „Der Krieg" im Albertinum Dresden und „Die Großstadt" im Kunstmuseum Stuttgart. Das 1991 eingeweihte Otto-Dix-Haus in Gera, eine Einrichtung der Kunstsammlung Gera, ist freilich etwas ganz Besonderes. Es bietet im Geburtshaus des Künstlers eine einzigartige Melange aus authentischem Erinnerungsort und Gemäldegalerie mit Hauptwerken aus allen Schaffensphasen. Letztere schlägt den Bogen von den impressionistischen Landschaften des Volksschülers aus seiner thüringischen Heimat bis hin zum Selbstporträt mit Enkelin kurz vor seinem Tod 1969. Die grafische Sammlung umfasst Skizzenbücher aus der Jugendzeit, Aquarelle und Zeichnungen, den berühmten Kriegszyklus mit 50 Radierungen von 1924 und späte Farblithografien. Einzigartig sind 48 gezeichnete Feldpostkarten aus dem Ersten Weltkrieg. Die einstige reußische Residenz hat längst die Bedeutung ihres großen Sohnes erkannt und firmiert stolz als „Otto-Dix-Stadt Gera".

45 Die erste deutsche Demokratie
Die Nationalversammlung 1919

In Weimar wurde 1919 die erste deutsche Demokratie aus der Taufe gehoben. Von Februar bis August tagte die Deutsche Nationalversammlung in der symbolträchtigen Goethestadt und verabschiedete die Verfassung der Weimarer Republik.

Mit der Novemberrevolution 1918 erlebte Deutschland eine tiefe historische Zäsur. Aus dem Kaiserreich wurde eine parlamentarische Demokratie, die als Weimarer Republik in die Geschichte einging. Während in Berlin immer wieder Unruhen aufflackerten, stand die Goethestadt von Februar bis August 1919 als Tagungsort der Nationalversammlung im Rampenlicht der weltweiten Öffentlichkeit. Am 31. Juli wurde die Weimarer Reichsverfassung angenommen und am 11. August von Reichspräsident Friedrich Ebert in Schwarzburg im Thüringer Wald unterzeichnet. Weimar wurde so zum Geburtsort der ersten deutschen Demokratie, das Deutsche Nationaltheater zu ihrem Symbolort.

Für Weimar hatte nicht zuletzt die gute Erreichbarkeit in der Mitte Deutschlands gesprochen. In die Reichshauptstadt Berlin richtete man eine tägliche Verbindung vom Flugplatz am Webicht ein – die erste zivile Fluglinie Deutschlands. Für die äußere Sicherheit sorgte das Freiwillige Landesjägerkorps unter General Georg Maercker, während in der beschaulichen Bürger- und Beamtenstadt kaum revolutionäre Unruhen zu befürchten waren. Die Kulturstadt bot ausreichend Unterkünfte für die rund 2.000 Abgeordneten, Delegierten und Journalisten aus aller Welt. Das zum Deutschen Nationaltheater erhobene Hoftheater nahm das Parlament auf, Reichspräsident Friedrich Ebert (SPD) und die Reichsregierung erhielten im Residenzschloss Quartier.

Natürlich wurde auch der Ruf Weimars als „Klassikerstadt", als „kulturelle Hauptstadt Deutschlands", für den demokratischen Neubeginn in Anspruch genommen, während es nach der Kriegsniederlage und Revolution vor allem in West- und Süddeutschland starke Vorbehalte gegen Berlin und Preußen gab. „Jetzt muss der Geist von Weimar, der Geist der großen Philosophen und Dichter, wieder unser Leben erfüllen." So beschwor Friedrich Ebert in seiner Eröffnungsrede am 6. Februar 1919 die Abgeordneten. Spätestens mit der Annahme des demütigenden Versailler Friedensvertrages vom 28. Juni 1919 durch die demokratische Parlamentsmehrheit geriet das „System von Weimar" freilich für die politische Rechte zum negativen Kampfbegriff.

Innenminister Eduard David (SPD) bezeichnete die Weimarer Reichsverfassung als „die demokratischste Demokratie der Welt". Ihr toleranter Geist sollte einen Neuanfang für die ganze Gesellschaft ermöglichen. Der Stolz auf dieses Erbe ist lange vom raschen Scheitern der Republik überschattet worden. Geboren

Im Deutschen Nationaltheater wurde 1919 die Verfassung der Weimarer Republik erarbeitet.

aus Kriegsniederlage und Implosion des Kaiserreiches, ging sie schon 14 Jahre später in der blutigen NS-Diktatur unter. In der DDR galt die Demokratie von Weimar als „bürgerlich-parlamentarisches Mäntelchen der Diktatur der Monopolbourgeoisie". In der Bundesrepublik standen ihre Schwächen im Mittelpunkt. Geradezu beschwörend wurde dies auf die Formel „Bonn ist nicht Weimar" bzw. „Berlin ist nicht Weimar" gebracht.

Die Weimarer Republik ist aber auch ein Grundpfeiler unserer demokratischen Traditionen. Große Teile des Grundgesetzes fußen auf der Weimarer Reichsverfassung, zentrale Ansätze von Demokratie, gesellschaftlicher Mitbestimmung und Sozialstaat gehen auf diese Zeit zurück. Nicht zuletzt sorgte die Republik für die Entfaltung einer kreativen Kultur, für die das Weimarer Bauhaus exemplarisch steht. Im 100. Jubiläumsjahr 2019 wird deshalb am Theaterplatz ein „Haus der Weimarer Republik" als nationaler Erinnerungs- und Lernort für die erste deutsche Demokratie eröffnen.

46 Wiege der Moderne
Das Bauhaus in Weimar

Die Klassikerstadt Weimar gilt dank der Gründung des Bauhauses 1919 auch als Wiege der kulturellen Moderne. Hieran erinnern authentische Orte mit UNESCO-Welterbe-Status ebenso wie das neue Bauhaus Museum und die Bauhaus-Universität.

Weimar genießt als „Klassikerstadt" weltweite Bekanntheit. Allerdings lässt es sich keineswegs auf die Höhen der Literaturgeschichte um 1800 reduzieren. Vielmehr war es auch Schauplatz eines epochalen Aufbruchs in die Moderne: 1919 wurde hier nicht nur die Weimarer Republik, sondern gleichzeitig das Bauhaus gegründet. Letzteres gilt als einer

Die Tischleuchte von Wilhelm Wagenfeld findet sich als Klassiker auf unzähligen Schreibtischen in aller Welt.

der wichtigsten Wegbereiter der kulturellen Moderne. Angedeutet hatte sich dieser Versuch eines „Neuen Weimars" schon zu Beginn des 20. Jahrhunderts mit dem Wirken von Harry Graf Kessler und Henry van de Velde. Deren Impulse wurden nach 1918 aufgenommen und erlangten mit dem Bauhaus eine nachhaltige Wirkung. Dessen Erinnerungsorte zählen heute ebenso wie die Klassikerstätten zum UNESCO-Weltkulturerbe.

Zunächst versuchte der Freistaat Sachsen-Weimar-Eisenach die im Ersten Weltkrieg zum Erliegen gekommenen Weimarer Hochschulen wieder in Gang zu bringen. Am 12. April 1919 erhielt die aus der Hochschule für bildende Kunst und der Kunstgewerbeschule gebildete Einrichtung den Namen „Staatliches Bauhaus in Weimar". Direktor wurde der noch von Henry van de Velde vorgeschlagene Architekt Walter Gropius. Gropius gehörte zu den renommiertesten Architekten, die auf eine moderne, funktionale Architektur in Abkehr vom Historismus sowie auf die Verbindung von Kunst, Handwerk und Industrie setzten.

Sitz der Hochschule wurde der 1911 eingeweihte Van-de-Velde-Bau, heute Hauptgebäude der Bauhaus-Universität Weimar, die sich gerne auf dieses große Erbe beruft. Gropius machte das Bauhaus zur „Wiege der Moderne" in Architek-

Das Haus am Horn im Weimarer Ilm-Park wurde als Musterbau der Bauhaus-Ausstellung 1923 errichtet.

tur, Kunst und Design. Hierfür konnte er namhafte Vertreter der Moderne wie Lyonel Feininger, Johannes Itten, Josef Albers, Paul Klee, Wassily Kandinsky, Oskar Schlemmer oder László Moholy-Nagy gewinnen. Zu den Grundideen zählten die Harmonisierung von Kunst und Handwerk im Geiste der mittelalterlichen Bauhütten sowie eine klare, funktionale Formensprache. Gropius' Gründungsmanifest des Bauhauses zierte denn auch programmatisch der Holzschnitt „Kathedrale" von Lyonel Feininger.

Höhepunkt der mit vielen Traditionen brechenden Tätigkeit war die große Bauhaus-Ausstellung 1923. Als frühestes Beispiel der Bauhaus-Architektur gilt das von Georg Muche hierfür errichtete Musterhaus Haus am Horn. Ein langes Bestehen war der Schule in Weimar mit seinem konservativen Bildungsbürgertum freilich nicht beschieden. Die politische Rechte verfemte das Bauhaus als „Kultur-

bolschewismus" und „jüdische Unkultur", sein avantgardistisches Erscheinungsbild, die freizügigen Feierlichkeiten bis hin zum nächtlichen Nacktbaden der Studenten in der Ilm taten das Ihrige. Dagegen konnte auch der große internationale Zuspruch wenig ausrichten. 1925 zog das Bauhaus nach Dessau um.

Heute bekennt sich die Klassik Stiftung Weimar als Träger der großen Kulturtraditionen voll zur Moderne. Ein neues Bauhaus Museum in spannungsreicher Nachbarschaft zum einstigen Gauforum wird im 100. Jubiläumsjahr 2019 die Weimarer Bauhaus-Sammlung aufnehmen. Sie umfasst rund 13.000 Objekte und gilt neben der Sammlung im Bauhaus-Archiv Berlin als die bedeutendste weltweit. Herausragende Exponate sind die Gemälde von Lyonel Feininger und Paul Klee, die Wiege von Peter Keler, die Tischlampe von Wilhelm Wagenfeld und die Teekannen von Theodor Bogler.

Das Thüringer Meer
Die Saaletalsperren

Mit den Saaletalsperren veränderte sich ab den 1920er-Jahren eine ganze Landschaft. Begonnen als wirtschaftliches Großprojekt in der Weimarer Republik, gehört das „Thüringer Meer" heute zu den touristischen Zugpferden im Grünen Herzen Deutschlands.

Die Zeit der Weimarer Republik (1918–1933) war gekennzeichnet von großen politischen Turbulenzen, die wiederum erheblich in wirtschaftlich-sozialen Verwerfungen wurzelten. Der 1920 aus den ehemaligen Kleinstaaten gegründete Freistaat Thüringen wurde hiervon voll erfasst und stand sogar mehrfach im nationalen Rampenlicht. Für Schlagzeilen sorgte zunächst das „Rote Thüringen" einer von den Kommunisten mitgetragenen SPD-Landesregierung. Nach dem „heißen Herbst" 1923 mit Hyperinflation und Putschversuchen folgten bürgerliche

Kabinette in Weimar, die zunehmend der extremen Rechten Einfluss gewährten. In ihrer frühen Hochburg gelang den Nationalsozialisten 1930 sogar erstmals der Sprung in die Landesregierung, ehe sie 1932 die „vorgezogene Machtergreifung" mit der Regierung unter NSDAP-Gauleiter Fritz Sauckel durchsetzen konnten.

Zwischen diesen turbulenten Ereignissen gab es lediglich eine kurze Erholungsphase der Republik, die als „Goldene Zwanziger" in die Geschichte eingegangen ist. Auch in Thüringen kam es in den mittleren 1920er-Jahren unter bürgerli-

Die Staumauer der Bleilochtalsperre sorgt für den größten Stausee Deutschlands.

Schloss Burgk erhebt sich malerisch über der Talsperre Burgkhammer.

chen Landesregierungen zu einer gewissen Stabilisierung sowohl der politischen als auch der wirtschaftlichen Situation. Ein Konjunkturaufschwung führte zu zahlreichen Investitionen und öffentlichen Bauprojekten, wie zur Errichtung von Behördengebäuden, Stadien, Stadthallen oder Parkanlagen. In vielen Städten Thüringens erinnern diese oft vom modernen Bauhaus-Stil inspirierten Bauwerke an die „Goldenen Zwanziger", die auch einen kulturellen Aufschwung brachten.

Wirtschaftspolitisches Hauptprojekt des Landes war der Bau der Saaletalsperren. Über zwei Jahrzehnte hinweg sollte das idyllische Saaletal südöstlich von Saalfeld eine Großbaustelle werden und nachhaltig sein Gesicht verändern. Die Bleilochtalsperre (1925–1932) und Hohenwartetalsperre (1935–1945) galten damals als die größten Talsperren Europas und eine ingenieurtechnische Meisterleistung. Stauseen und Wasserkraftwerke ziehen sich seither über 80 Kilometer hin, wobei in der Zeit der DDR noch große Bauten wie das Pumpspeicherwerk Hohenwarte (1956–1963) hinzukamen.

Den Anstoß hatte das katastrophale Saalehochwasser von 1890 gegeben. Neben dem Hochwasserschutz spielte die Energieerzeugung für den Freistaat Thüringen eine zentrale Rolle, während Preußen – mit dem Kreis Ziegenrück im Saaletal präsent – vor allem die Wasserregulierung für die Elbe im Auge hatte. Nach langen Streitigkeiten, die bis vor das Leipziger Reichsgericht führten, zog sich das Projekt über den Untergang der Weimarer Republik bis zum Ende des Dritten Reiches hin.

Seither hat sich die Bestimmung der Saalestauseen deutlich gewandelt. Neben sauberem Strom und Wasserregulierung stehen heute Naherholung und Tourismus rund um das „Thüringer Meer" im Mittelpunkt. Die reizvolle Natur lädt zu Wassersport, Camping und Wandern ein. Orte wie die einstige reußische Residenz Saalburg besitzen mitten im Binnenland Thüringen den Charme einer Küstenstadt mit einem Anleger für Fahrgastschiffe, das malerische Schloss Burgk der Reußen spiegelt sich im angestauten Wasser der Saale.

Das Gauforum in Weimar erinnert an die Zeit des Nationalsozialismus, in der sich Thüringen als „Mustergau" zu profilieren versuchte. Jene steingewordene Machtdemonstration sollte zum Vorbild für alle deutschen Gauhauptstädte werden.

Thüringen galt im Dritten Reich als „Mustergau". Unter Gauleiter Fritz Sauckel hatte sich hier in den 1920er-Jahren eine der frühen NSDAP-Hochburgen gebildet, gelangten 1930 erstmals Nationalsozialisten auf Ministerposten und erfolgte 1932 die „vorgezogene Machtergreifung" mit der Landesregierung Sauckel. Nach 1933 ging Sauckel bei der braunen Gewaltherrschaft voran, bündelte regionale Machtkompetenzen, setzte in der Wirtschaftspolitik Akzente, nutzte die Ausstrahlung des Kulturlandes und baute Adolf Hitlers „Lieblingsstadt" Weimar zu einer „Muster-Gauhauptstadt" aus.

Im Krieg sollte Thüringen mit unterirdischen Rüstungsprojekten, Auslagerungen und einem Führerhauptquartier im Jonastal sogar zur letzten „Festung" des Dritten Reiches werden. Mit dem ehemaligen Konzentrationslager Buchenwald befindet sich hier zudem der bekannteste Erinnerungsort an die NS-Verbrechen in Deutschland. „Muster-Gauleiter" Sauckel wurde als „Hitlers Sklavenhalter", als Organisator des Zwangsarbeitereinsatzes im Zweiten Weltkrieg, 1946 vom Nürnberger Militärtribunal zum Tode verurteilt.

Am deutlichsten kommt der Anspruch Sauckels im Weimarer Gauforum zum Ausdruck, einer gigantischen Macht-

Modell des Gauforums, abgebildet in der Propagandabroschüre „Der Führer in Weimar" (1938).

Im einstigen Weimarer Gauforum am heutigen Jorge-Semprún-Platz
ist das Landesverwaltungsamt angesiedelt.

demonstration in Stein. Es sollte als Vorlage für die Umgestaltung aller deutschen Gauhauptstädte dienen. Zunächst verschwanden die Grünanlage vor dem heutigen Neuen Museum und Teile der Jakobsvorstadt. An ihre Stelle wälzten sich gewaltige Bauten im typischen NS-Stil für Reichsstatthalterei und Gauleitung, Parteigliederungen, Deutsche Arbeitsfront und Wehrmacht sowie eine für 20.000 Zuschauer konzipierte „Halle der Volksgemeinschaft".

Hitler selbst nahm großen Anteil an dem 1936 begonnenen Prestigeprojekt. So gingen der Glockenturm und das Natursteinportal am Amtsgebäude des Reichsstatthalters direkt auf seine Intervention zurück. Neben den Großbauten in Berlin, München und Nürnberg kam dem Weimarer Gauforum höchste Priorität zu. Verantwortlich zeichnete mit Hermann Giesler der profilierteste Architekt der NS-Zeit neben Albert Speer. Das Bauprojekt wurde bis weit in den Krieg hinein

auch mit Tausenden Zwangsarbeitern als einzige regionale NS-Machtzentrale in Deutschland nahezu fertiggestellt. Weiterreichende Pläne für einen Ausbau zur Metropole Thüringens im nationalsozialistischen Geist, nicht zuletzt in Konkurrenz mit Erfurt, blieben Weimar kriegsbedingt erspart.

Nach 1945 erwies sich das Gauforum als sperriges Erbe. Der nunmehrige Karl-Marx-Platz wurde Sitz der Sowjetischen Militäradministration, später siedelten sich Behörden, Hochschulen und Betriebe an. Heute residiert hier das Thüringer Landesverwaltungsamt, während an der Stelle der „Halle der Volksgemeinschaft" das Weimar Atrium zum Shoppen und Freizeitspaß einlädt. Auf die Geschichte des Ortes macht eine Ausstellung im Turmgebäude aufmerksam. Seit 2017 firmiert das Gauforum als Jorge-Semprún-Platz, benannt nach dem eng mit Weimar verbundenen spanischen Schriftsteller und Buchenwaldhäftling.

Erfurts Weg zur thüringischen Landeshauptstadt begann nach 1945 in der Sowjetischen Besatzungszone bzw. DDR mit dem Umzug von Parlament und Regierung aus Weimar. Hieran erinnert das im Volksmund als „Eierkiste" bezeichnete Landtagshochhaus.

Das Ende des Zweiten Weltkrieges sorgte neben vielen anderen Veränderungen auch für die politisch-administrative Einigung Thüringens – wenn auch vorerst nur für wenige Jahre. Entsprechend den Beschlüssen der Konferenz von Jalta sollte Thüringen zur Sowjetischen Besatzungszone (SBZ) gehören, was im Juli 1945 zum Abzug der Amerikaner und zum Nachrücken der Sowjetarmee führte. Die föderale Struktur Deutschlands wurde verändert, was vor allem zum Verschwinden Preußens von der Landkarte führte.

Für das 1920 aus den ehemaligen Kleinstaaten gegründete Land Thüringen mit der Hauptstadt Weimar bedeutete dies die Einbeziehung des preußischen Regierungsbezirkes Erfurt sowie des Kreises Schmalkalden. Eine logische Folge war das Bemühen der Erfurter, ihre alte Metropole nunmehr auch zur offiziellen Landeshauptstadt zu machen. Nach der formalen Auflösung Preußens per Alliiertem Kontrollratsbeschluss 1947 waren zudem letzte Unsicherheiten beseitigt worden. In einer „Denkschrift über die Notwendigkeit, die Stadt Erfurt zur Landeshauptstadt mit dem Sitz der Landesregierung zu machen", bündelte man 1948 selbstbewusst alle Argumente.

Tatsächlich ging die Funktion der Landeshauptstadt schrittweise von Weimar an Erfurt über. Schon 1947 hatte man damit begonnen, Behörden von der Ilm an die Gera zu verlegen. Nach kontroversen Debatten siedelten sich die Landesregierung 1950 und der Landtag 1951 in Erfurt an. Ministerpräsident Werner Eggerath (SED) formulierte einen wesentlichen Beweggrund: „Der alte Hofratsgeist geistert in Weimar noch sehr stark, und ein neues gesundes Leben kommt nicht zum Durchbruch, weil Weimar keine nennenswerte Industriearbeiterschaft hat." Zudem hatte sich die einstige konservative Residenzstadt zur „Muster-Gauhauptstadt" im Dritten Reich profiliert.

Die aus Sicht der neuen sozialistischen Machthaber progressivere Industriegroßstadt Erfurt bekam nun ein modernes Aushängeschild. Das Verwaltungsgebäude des preußischen Regierungsbezirkes Erfurt, der heutige Landtagsaltbau, an der Arnstädter Straße wurde durch ein Hochhaus erweitert. Der 1951 fertiggestellte zehngeschossige Neubau von Architekt Egon Hartmann, inspiriert vom Geist des Bauhauses, geriet allerdings rasch ins Kreuzfeuer der Kritik. Während die offiziöse DDR-Architektur eher dem Neoklassizismus im Stile der Stalinallee in Berlin zuneigte, zeigten sich auch viele Erfurter vom ersten Hochhaus ihrer Stadt wenig begeistert. Rasch machte im Volksmund die Bezeichnung „Eierkiste" die Runde.

Das 1951 errichtete Hochhaus ist heute Teil des modernen Landtagskomplexes.

Die Hauptstadtfrage sollte freilich bald hinfällig werden. Im Juli 1952 erfolgten die Auflösung der Länder und die Teilung Thüringens in die Bezirke Erfurt, Gera und Suhl. Im Hochhaus siedelte sich der Rat des Bezirkes Erfurt an. Mit der Wiedervereinigung Deutschlands am 3. Oktober 1990 trat dann endgültig der heutige Freistaat Thüringen ins Leben. Zu diesem Zeitpunkt war Erfurt bereits faktisch Landeshauptstadt und nach erneut heftigem Duell mit Weimar verabschiedete der Landtag am 10. Januar 1991 das entsprechende Landesgesetz. Der Komplex um das denkmalgeschützte Hochhaus, heute Sitz der Landtagsverwaltung, wurde zum modernen demokratischen Herzstück des Freistaates Thüringen ausgebaut. Am Hirschgarten in der Erfurter Altstadt hat die Thüringer Staatskanzlei ihren Sitz genommen.

Das Dorf Mödlareuth an der thüringisch-bayrischen Grenze wurde zum Symbol der deutschen Teilung. Mitten durch das Dorf verlief ähnlich wie in Berlin eine Betonmauer, von der Teile heute im Deutsch-Deutschen Museum Mödlareuth gezeigt werden.

Die SED-Propaganda mit dem strahlenden Bild vom Sozialismus in der DDR erzielte stets nur eine begrenzte Wirkung. Hierfür sorgten neben den zahlreichen Unzulänglichkeiten im Lebensalltag besonders die totalitären Züge in Staat und Gesellschaft. Deutlichstes Symptom war der „antifaschistische Schutzwall" zur Bundesrepublik, an dem etwa 800 DDR-Bürger bei Fluchtversuchen ums Leben kamen. Die thüringischen Bezirke Erfurt, Gera und Suhl litten als südwestliche DDR-Randbezirke besonders

unter dem inhumanen Grenzregime. Zwei große Zwangsumsiedlungsaktionen 1952 und 1961 vertrieben Tausende Menschen aus dem Grenzgebiet, in dem die verbleibenden Einwohner erhebliche Einschränkungen hinnehmen mussten.

Mödlareuth bei Hirschberg in Südthüringen geriet sogar zum Symbol der deutsch-deutschen Teilung entlang des „Eisernen Vorhangs". Der durch das Dorf fließende Tannbach hatte ab dem 16. Jahrhundert die Grenze zwischen dem reußischen Territorium im späte-

Am 9. Dezember 1989 öffnete sich auch in Mödlareuth der „Eiserne Vorhang".

Das Deutsche-Deutsche Museum Mödlareuth vermittelt lebendige
Eindrücke von der ehemaligen innerdeutschen Grenze.

ren Thüringen und der Markgrafschaft
Bayreuth im späteren Bayern gebildet.
Jene über viele Generationen hinweg
problemlose Grenzziehung erlangte mit
dem Kriegsende 1945 fatale Bedeutung,
da nun im Dorf die Sowjetische und
Amerikanische Besatzungszone bzw. seit
1949 die DDR und die Bundesrepublik
aufeinanderstießen. Eine 700 Meter lange
Betonsperrmauer, ein Metallgitterzaun
und Beobachtungsturm der Grenztrup-
pen der DDR sorgten ab 1966 für den
international bekannten Beinamen
„Little Berlin", fühlte man sich doch an
die geteilte deutsche Hauptstadt erinnert.

Zwei Jahrzehnte später brachte der
Fall der Berliner Mauer am 9. November 1989 den Umbruch von der Friedlichen Revolution in der DDR hin zur
deutschen Wiedervereinigung. Tausende
Thüringer nutzten noch in der Nacht
zum 10. November die neue Reisefreiheit
zu einem Kurztrip in die benachbarten
Bundesländer Niedersachsen, Hessen und
Bayern. Rasch errichtete man 97 neue
Grenzübergänge und stellte unterbro-
chene Straßenverbindungen wieder her.

Für die vielen Thüringer, die eine Gene-
ration lang unter den Einschränkungen
im Grenzgebiet vom Südharz und Eichsfeld über das Werratal, die Rhön bis hin
zur Saale hatten leben müssen, erfüllte
sich damit eine zentrale Forderung der
Wendezeit.

Heute erinnern nur noch wenige
erhaltene Anlagen und Museen an das
inhumane Grenzsystem und die Block-
konfrontation. Neben den Grenzmuseen
Teistungen und Schifflersgrund, dem
Grenzbahnhof Probstzella, der Gedenkstätte Point Alpha bei Geisa und anderen
Gedenkorten zieht das Deutsch-Deutsche
Museum Mödlareuth besonders viele
interessierte Besucher an. Hierzu dürfte
auch der ZDF-Mehrteiler „Tannbach
– Schicksal eines Dorfes" von 2015/18
beigetragen haben, der Little Berlin mit
künstlerischer Freiheit einem Millionen-
publikum nahebrachte. Das Freilichtmuseum mit musealer Ausstellung und
authentischem Grenzabschnitt vermittelt
anschaulich die Geschichte der deutschen Teilung vom Kriegsende 1945 bis
zur Wiedervereinigung 1990.

51 Willy Brandt ans Fenster!
Das Erfurter Gipfeltreffen 1970

Das erste deutsch-deutsche Gipfeltreffen 1970 im Interhotel „Erfurter Hof" war einer der Meilensteine der Entspannungspolitik. Die Sympathiebekundungen der Thüringer für Bundeskanzler Willy Brandt gingen um die ganze Welt.

Willy! Willy!" – so begrüßten am 19. März 1970 Tausende begeisterte DDR-Bürger lautstark den Kanzler der Bundesrepublik Deutschland in der Bezirksstadt Erfurt. Willy Brandt war zu Gesprächen mit dem DDR-Ministerpräsidenten Willi Stoph angereist, dem ersten deutsch-deutschen Gipfeltreffen. Um 9.30 Uhr kam der Sonderzug am Erfurter Hauptbahnhof an. Auf dem Bahnsteig erfolgte zunächst die Begrüßung durch die DDR-Delegation. Als Stoph und Brandt anschließend den Weg vom Bahnhof zum gegenüberliegenden Tagungsort, dem Interhotel „Erfurter Hof", zu Fuß zurücklegten, schlugen die Wellen der Emotionen hoch. Die Absperrungen von Volkspolizei und Staatssicherheit wurden durchbrochen und der Platz gestürmt.

Mit dem Sprechchor „Willy Brandt ans Fenster!" riefen die bis zu 8.000 Menschen wenig später den Staatsgast ans Fenster eines Hotelzimmers. Als dieser sich zeigte, brandete tosender Jubel auf. Das waren Bilder, die weltweit für Aufsehen sorgten – hatten sich doch rund 350 Journalisten aus 42 Ländern für das historische Treffen akkreditieren lassen. Brandt sollte sich noch 20 Jahre später in seinen Erinnerungen fragen: „Der Tag von Erfurt. Gab es einen in meinem Leben, der emotionsgeladener gewesen wäre?" Das galt erst Recht für viele der einheimischen Zeitzeugen.

Doch es ging nicht nur um die Person des populären SPD-Vorsitzenden, der ab Herbst 1969 an der Spitze einer sozialliberalen Regierung in Bonn stand. Vielmehr verkörperte er mit seiner neuen Ost- und Deutschlandpolitik eine Perspektive der Entspannung und Annäherung, die auch die Menschen in der DDR ansprach. Zugleich erhoffte sich die SED eine Aufwertung der internationalen Stellung der DDR. Der in Erfurt begonnene und wenig später in Kassel fortgesetzte Dialog führte denn auch u.a. zum Grundlagenvertrag 1972 und der Aufnahme beider deutscher Staaten in die UNO 1973.

Der „Erfurter Hof" bildet also den Schauplatz für das erste deutsch-deutsche Gipfeltreffen und die beeindruckendste Demonstration nationalen Einheitswillens in der DDR zwischen dem 17. Juni 1953 und der Friedlichen Revolution 1989. Allerdings steigen in dem einst „ersten Haus am Platze" der Kaiserzeit und späteren privilegierten DDR-Interhotel keine Gäste mehr ab. Mittlerweile ein schmuck saniertes Geschäftshaus, erinnert seit 2009 auf dem Dach die Leuchtschrift „WILLY BRANDT ANS FENSTER" an das große Ereignis. Das „Willy-Brandt-Fenster" über dem Eingang zur Thüringer Tourist-Info wird nachts beleuchtet.

Willy Brandt am 19. März 1970 am Fenster des „Erfurter Hofes".

Die Besetzung der Stasi-Bezirksverwaltung in Erfurt am 4. Dezember 1989 war ein Signalereignis von DDR-weiter Bedeutung. Damit begann der Fall der letzten SED-Bastion in der Friedlichen Revolution 1989. Hieran erinnert die Gedenkstätte Andreasstraße.

Keine andere Straße ruft bei älteren Erfurtern und Thüringern so deutliche Assoziationen hervor wie die Andreasstraße. Fast vier Jahrzehnte stand sie als Sitz der Bezirksverwaltung und einer Haftanstalt synonym für die „Stasi". Von hier aus verbreitete das Ministerium für Staatssicherheit (MfS) jenes typische Klima von Angst und Verunsicherung, auch wenn der größte Teil der Bevölkerung nicht direkten Repressionen ausgesetzt war.

Über Jahrhunderte hatte sich allerdings auf dem Gelände am Fuße des Petersberges ein Handwerker- und Händlerviertel befunden. An der Frontseite zum Domplatz standen prächtige Bürgerhäuser. Dieses Viertel wurde bei der Beschießung Erfurts durch die Preußen am 6. November 1813 während der Befreiungskriege zerstört. Seither besitzt der Domplatz seine ungewöhnlich große Ausdehnung. Nördlich davon entstand

Im Eingangsbereich der Gedenkstätte ist diese Gedenktafel angebracht.

Die Gedenkstätte Andreasstraße erinnert auch an die Stasi-Besetzung 1989.

die Grünanlage „Louisental". Sie verschwand mit dem Bau des preußischen Landgerichtes und der dazugehörigen Haftanstalt 1879.

Nach 1945 fungierte der Komplex weiterhin als Gericht mit einer Untersuchungshaftanstalt. Mit der Auflösung der Länder in der DDR 1952 wurden aus Thüringen die Bezirke Erfurt, Gera und Suhl. Dementsprechend fungierte das Gerichtsgebäude nunmehr als Bezirksgericht Erfurt. Gleichzeitig bezog das MfS in dem heutigen Polizeigebäude in der Andreasstraße seine neue Bezirksverwaltung. Fortan teilten sich Innenministerium bzw. Volkspolizei und MfS die Untersuchungshaftanstalt. Keller und Erdgeschoss waren der Polizei zugeordnet, 1. und 2. Obergeschoss dem MfS. Ein turbulenter Prozess mündete nach 1989 in die am 4. Dezember 2013 eröffnete

Gedenk- und Bildungsstätte Andreasstraße in der ehemaligen Haftanstalt. Sie erinnert an Unterdrückung und Widerstand in Thüringen von 1949 bis 1989.

Die Gedenkstätte ist zum einen den mehr als 5.000 Menschen gewidmet, die hier aus politischen Gründen inhaftiert waren. Sie will aber auch mit der Ausstellung „Haft – Diktatur – Revolution" einen breiteren historischen Rahmen abstecken. Eine wichtige Rolle spielt dabei der Umstand, dass am 4. Dezember 1989 in Erfurt die Freiheit symbolträchtig triumphierte: Mutige Erfurter Bürger hatten während der Friedlichen Revolution erstmals eine Stasi-Zentrale besetzt und damit die letzte Bastion der SED-Herrschaft gestürmt. Hieran erinnert im Eingangsbereich der Gedenkstätte eine Gedenktafel unter dem Motto „Aus den Fesseln der Angst befreien".

53 Das Grüne Herz Deutschlands
Thüringen und sein Wald

Thüringen darf sich als waldreichstes Bundesland zu Recht „Grünes Herz Deutschlands" nennen. Seine Naturschätze reichen vom Thüringer Wald mit dem Rennsteig bis zum Nationalpark Hainich, der es sogar zum UNESCO-Weltnaturerbe geschafft hat.

Thüringen trägt dank seiner natürlichen Reize auch den Titel „Grünes Herz Deutschlands". Als klassisches Tourismusland hat man diese Marke seit dem späten 19. Jahrhundert gezielt aufgebaut. Am nachhaltigsten dürfte das gleichnamige, 1897 erstmals aufgelegte Buch von August Trinius gewirkt haben. Der Slogan diente zugleich der Außendarstellung des 1920 aus den ehemaligen Kleinstaaten gebildeten Landes Thüringen. Nach 1990 knüpfte man im wiedergegründeten Freistaat Thüringen an diese Marke an.

Und Thüringen ist tatsächlich das grüne Herz inmitten Deutschlands. In keinem anderen Bundesland gibt es mit 33 Prozent anteilmäßig so viel Wald auf der Gesamtfläche wie hier. Etwa ein Viertel der Landesfläche werden als „Nationale Naturlandschaften" erhalten und entwickelt: Naturpark Südharz, Naturpark Kyffhäuser, Naturpark Eichsfeld-Hainich-Werratal, Nationalpark Hainich, Naturpark Thüringer Wald, Biosphärenreservat Vessertal-Thüringer Wald, Biosphärenreservat Rhön und Naturpark Thüringer Schiefergebirge/Obere Saale.

Der bekannteste Naturschatz ist zweifellos der Thüringer Wald im Südwesten des Landes. Seine bewaldeten Höhenzüge laden zum Wandern und Skilaufen ein. Höchster Gipfel ist zwar der Große Beerberg (983 Meter), aber die dominierende Landmarke mit seinen Sendetürmen und Ausflugslokalen bildet der Große Inselsberg (916 Meter) zwischen Bad Tabarz und Brotterode. Große Bekanntheit genießt der Rennsteig, der rund 170 Kilometer lange Kammweg; das 1951 erstmals von Herbert Roth gesungene „Rennsteiglied" gilt als heimliche Nationalhymne Thüringens. Im Umfeld des meistbegangenen Weitwanderweges in Deutschland liegen die beliebtesten Urlauberorte, allen voran die Wintersporthochburg Oberhof. Seit 1973 findet mit dem jährlichen GutsMuths-Rennsteiglauf im Thüringer Wald zudem der größte Landschaftslauf Europas statt. Im Osten schließt sich in harmonischem Übergang das Thüringer Schiefergebirge mit dem wildromantischen Schwarzatal an.

Neben dem Thüringer Wald besitzt besonders der Hainich als UNESCO-Weltnaturerbe (2011) eine herausragende Bedeutung. Hauptziel des 7.500 Hektar großen Nationalparks ist der Schutz des heimischen Buchenwaldes und seiner Bewohner, wie der seltenen Wildkatze. Hier soll der größte Urwald Deutschlands entstehen. Zu den touristischen Highlights zählen der Baumkronenpfad am Nationalparkzentrum Thiemsburg und das Wildkatzendorf Hütscheroda. Besondere Anziehungspunkte des Grünen Her-

Blick zum Inselsberg, dem markantesten Gipfel des Thüringer Waldes.

zens sind weiterhin der Kyffhäuser mit dem gewaltigen Kyffhäuserdenkmal von 1896 und das Thüringer Meer der Saalestauseen. Viele kleinere Mittelgebirgs- und Hügellandschaften runden das Bild ab: Südharz, Ohmgebirge, Eichsfeld, Hainleite, Schmücke, Hohe Schrecke, Finne, Holzland und Rhön.

Das Wappen des Freistaates Thüringens symbolisiert dessen historische „Einheit in der Vielfalt". Es zeigt den Landgrafenlöwen, umgeben von sieben Sternen für die ehemaligen Kleinstaaten und preußischen Gebiete. Seine Vorlage ist im Erfurter Stadtmuseum zu sehen.

Lothar Freund gilt als einer der renommiertesten Gebrauchsgrafiker Thüringens. Der 2017 verstorbene Künstler hat sein Lebenswerk dem Stadtmuseum Erfurt „Haus zum Stockfisch" zur Aufbewahrung und wissenschaftlichen Bearbeitung geschenkt. Es umfasst 411 Plakate, Logos und sonstige grafische Arbeiten. In Erfurt waren und sind seine Arbeiten für Museen, Theater, Bibliotheken, den Kaisersaal, aber auch für große Jubiläen wie 1.250 Jahre Ersterwähnung

Originalvorlage für das Landeswappen des Freistaates Thüringen im Stadtmuseum Erfurt.

1992 oder die Internationale Gartenbauausstellung (iga) 1961 allgegenwärtig.

Eines der historisch wichtigsten Exemplare der Werksammlung dürfte die von Freund als A-1-Plakat erarbeitete Vorlage für das Thüringer Landeswappen sein. Der Landtag hat dieses neue Wappen am 10. Januar 1991 mit dem Gesetz über die Hoheitszeichen Thüringens beschlossen. Es zeigt heraldisch korrekt formuliert „in Blau einen goldgekrönten und bewehrten, achtfach von Rot und Silber quergestreiften Löwen, umgeben von acht silbernen Sternen". Mit diesem Wappen beruft sich der Freistaat Thüringen auf seine lange, traditionsreiche Geschichte. Das Landessymbol macht damit auch deutlich, wie unsinnig die Rede vom „neuen" oder „jungen" Bundesland Thüringen ist – kann doch kaum ein anderes Glied der Bundesrepublik auf 1.500 Jahre Geschichte zurückblicken.

Schon mit dem mächtigen Königreich des 6. Jahrhunderts verewigte sich der Name der „Thoringi" nachhaltig in den Geschichtsbüchern. Im 12. und 13. Jahrhundert folgten die sagenumwobenen ludowingischen Landgrafen von Thüringen auf der Wartburg. Am gewachsenen Selbstverständnis der Thüringer änderte auch die spätere sprichwörtliche Kleinstaaterei nichts. Der Vielfalt von bis zu 30 Staatsgebil-

Das Stadtmuseum „Haus zum Stockfisch" erzählt die Geschichte der Landeshauptstadt Erfurt.

den stand immer das Bewusstsein einer übergeordneten Einheit gegenüber, die sich insbesondere auf die Landgrafschaft Thüringen berufen konnte.

Im 20. Jahrhundert erfolgte dann schrittweise die staatliche Einigung Thüringens. 1920 kam es zum Zusammenschluss der Kleinstaaten mit der Hauptstadt Weimar – noch ohne das preußische Thüringen mit Erfurt. Nach dem Zweiten Weltkrieg folgte 1945 das Land Thüringen in weitgehend der heutigen Form, das jedoch in der DDR schon 1952 wieder aufgelöst wurde. Mit der deutschen Wiedervereinigung am 3. Oktober 1990 trat Thüringen als föderaler Teil der Bundesrepublik Deutsch-

land ins Leben, Landeshauptstadt wurde Erfurt.

Das Landeswappen von 1991 greift diese historische „Einheit in der Vielfalt" symbolisch auf. Es umgibt den seit dem späten 12. Jahrhundert belegten ludowingischen Thüringer Löwen auf blauem Grund mit acht silbernen Sternen, die für die ehemaligen Kleinstaaten und preußischen Gebiete stehen. Seine Urfassung von Lothar Freund kann nun im Erfurter Stadtmuseum bestaunt werden, dem Geschichtsmuseum der Landeshauptstadt. Dort wird die Geschichte der glanzvollen Mittelaltermetropole, der Universitäts- und Lutherstadt bis hin zur modernen Industriegroßstadt anschaulich erzählt.

55 Echt nur aus Thüringen!
Thüringer Klöße und Rostbratwurst

Thüringen gilt zwar als Kulturland von internationalem Format, hat aber auch andere zugkräftige Reize für Einheimische wie Touristen zu bieten. Das Land wäre ohne seine bekanntesten kulinarischen Highlights kaum denkbar: Thüringer Klöße und Rostbratwurst.

Klöße und Rostbratwurst sind die kulinarischen Markenzeichen des Kulturlandes Thüringen. Sie müssen beim internationalen Bekanntheitsgrad einen Vergleich mit Wartburg, Goethe und Bauhaus nicht scheuen. Überall im Lande wird auf dem Holzkohlegrill gebrutzelt. Das ist jedoch nicht nur eine der beliebtesten Freizeitbeschäftigungen der Thüringer, sondern auch im öffentlichen Raum allgegenwärtig. In den Innenstädten ist die Bratwurstbude fester Bestandteil der Imbisskultur und ein Muss für jeden Touristen. Man könnte in den historischen Pilgerorten Thüringens geradezu von einer kulturell-kulinarischen Symbiose sprechen.

Gegessen wird die Bratwurst stilecht im Brötchen aus der Hand, idealerweise mit einem einheimischen Senf. Natürlich gibt es hierfür auch eine EU-Verordnung. Sie hat eine mindestens 15 Zentimeter lange, mittelfeine Rostbratwurst im engen Naturdarm zu sein, roh oder gebrüht, mit würziger Geschmacksnote. Seit 2004 ist die Thüringer Rostbratwurst eine „geschützte geografische Angabe", auch wenn mittlerweile nicht mehr mindestens 51 Prozent der verwendeten Rohstoffe aus Thüringen stammen müssen. Im Übrigen ist Bratwurst keineswegs gleich Bratwurst. Je nach Zutaten kann sie sich im Geschmack deutlich unterscheiden und firmiert vor allem in Ostthüringen auch als „Roster".

1404 findet sich in einer Rechnung des Arnstädter Benediktinerinnenklosters die erste urkundliche Erwähnung der „brotwurstin" in Thüringen, die freilich noch viel weiter zurückdatieren dürfte. Die Klöße dagegen sind deutlich jünger. Ihre Hauptzutat ist erst in der Neuzeit in Europa heimisch geworden – die Kartoffel. Die ältesten Rezepte sind aus dem frühen 19. Jahrhundert überliefert, wobei es sich um ein Essen der kleinen Leute handelte. Klöße waren keineswegs nur Beilage zum Sonntagsbraten, sondern wurden oft noch über Tage hinweg in verschiedenster Form verspeist und sogar die beim Kochen übrig bleibende Kloßbrühe nicht verschmäht.

Echte Thüringer Klöße werden zu zwei Dritteln aus rohen geriebenen und einem Drittel zerkochten Kartoffeln geformt. Sie unterscheiden sich damit von Klößen bzw. Knödeln anderer Regionen. Die Bandbreite innerhalb Thüringens ist groß, wobei der Thüringer Wald als Sprachbarriere wirkt. Während nördlich und östlich von Klößen die Rede ist, verzehrt man im südthüringisch-fränkischen Raum Hütes.

An die legendäre Herkunft dieses Namens wird jedes Jahr in Meiningen mit dem Stadt- und Hütesfest erinnert.

In Meiningen hat man den Klößen alias Hütes ein Denkmal am Töpfermarkt gesetzt.

Dann übergibt die Sagengestalt Frau Holle dem Bürgermeister das wertvolle Hütes-Rezept mit der Aufforderung „Hüt es!". Laut Sage sollen die Klöße erstmals im 16. Jahrhundert in der Meininger Gastwirtschaft „Schlundhaus" angeboten worden sein. Tatsächlich aber breitete sich die Kartoffel erst 200 Jahre später flächendeckend in Thüringen aus.

Einige Einrichtungen bemühen sich heute, das sagenumwobene Erbe von Klößen und Rostbratwurst zu pflegen. Letzterer ist das 1. Deutsche Bratwurstmuseum in Holzhausen bei Erfurt gewidmet. Dort entfaltet man neben einer Dauerausstellung zur Geschichte der Wurst zahlreiche nicht immer ganz bierernste Aktivitäten vom Bratwursttheater bis zur Bratwurstiade. Auf Erlebniskultur setzt auch die Thüringer Kloßwelt Heichelheim nahe Weimar. In Meiningen hat man den Hütes sogar ein Denkmal gesetzt.

Übrigens schmeckt zu den Köstlichkeiten aus Thüringen am besten ein Bier der Traditionsbrauereien des Landes, das mit dem „Wirtshausgesetz" von Weißensee aus dem Jahr 1434 auf eines der ältesten Reinheitsgebote mit den verbindlichen Brauzutaten Hopfen, Malz und Wasser zurückblickt.

Der Autor
Steffen Raßloff

Dr. Steffen Raßloff (Jg. 1968) wirkt als Historiker in Erfurt. Er ist Mitglied der Historischen Kommission für Thüringen und hat zahlreiche Publikationen zur Landesgeschichte veröffentlicht, darunter mehrfach aufgelegte Standardwerke wie die „Geschichte der Stadt Erfurt" (2012), „Geschichte der Stadt Weimar" (2018), „Geschichte Thüringens" (2010) und „Mitteldeutsche Geschichte. Sachsen – Sachsen-Anhalt – Thüringen" (2016). Hierfür wurde er auch mit Buchpreisen ausgezeichnet. Raßloff war zugleich als Kurator an vielen Ausstellungs- und Medienprojekten beteiligt.

Portrait des Autors.

Bildnachweis

Vorsatz: www.openstreetmap.org

Brehm-Gedenkstätte Renthendorf: S. 71

Bundesgartenschau Erfurt 2021 gGmbH: S. 92

Deutsch-Deutsches Museum Mödlareuth: S. 106

Lutz Ebhardt: S. 48/49

Matthias Ecker: S. 4, 19

Forschungsbibliothek Gotha der Universität Erfurt:
S. 69

Friedrich-Fröbel-Museum Bad Blankenburg: S. 77

Andreas Glock: S. 56

J.H. Darchinger/Friedrich-Ebert-Stiftung: Einband
hinten unten links, S. 109

Heiko Kolbe: S. 4/5, 7, 90/91, 121

Museum Schloss Wilhelmsburg: S. 41

Panorama Museum Bad Frankenhausen: S. 36/37

Propagandabroschüre „Der Führer in Weimar" (1938):
S. 102

Alexander Raßloff: S. 5, 11, 21, 23, 29, 31, 33, 53, 55,
57, 65, 86, 87, 89, 93, 97, 98, 103, 105, 110, 111,
115, Nachsatz

Dr. Steffen Raßloff: S. 73

Shutterstock/IURII BURIAK: S. 2/3

Shutterstock/travelview: Titelseite

Stadtarchiv Erfurt: S. 28, 63, 114

Stadtmuseum Bad Langensalza: Einband hinten oben
rechts, S. 82/83

Stadtverwaltung Gera, Steffen Weiß: S. 94 (Freigabe VG
Bild-Kunst Bonn), 95

Stiftung Schloss Friedenstein Gotha: S. 5, 81

Thüringisches Landesamt für Denkmalpflege und
Archäologie, Weimar, H. Arnold: S. 9, 10, 13, 14

Thüringisches Landesamt für Denkmalpflege und
Archäologie Weimar, Atelier Papenfuss: S. 20

Thüringer Landesamt für Denkmalpflege und Archäologie, Weimar, B. Stefan: S. 17, 23

Thüringer Landesmuseum Heidecksburg Rudolstadt,
U. Fischer: Einband hinten oben links, S. 43

Waffenmuseum Suhl: S. 74, 75

Wartburg-Stiftung Eisenach: S. 25, 27, 34, 35

Einband hinten unten rechts: Von Feldstein – Eigenes
Werk, CC BY-SA 4.0, https://commons.wikimedia.
org/w/index.php?curid=62815822.

S. 4, 59: „Iena" von Horace Vernet, https://commons.
wikimedia.org/wiki/File:Iena.jpg, gemeinfrei

S. 8: „KYF FP Bilzingsleben" von Metilsteiner – Eige-
nes Werk. Lizensiert unter Creative Commons
Attribution-Share Alike 3.0 über Wikimedia
Commons.

S. 15: „See Opfermooer Niederdorla" von Drekamu –
Eigenes Werk (Originaltext: „Eigenes Werk (selbst
fotografiert"). Lizensiert unter Creative Commons Attribution-Share Alike 3.0 über Wikimedia
Commons.

S. 24: „COA family de Landgrafen von Hessen" von
Christer Sundin – Eigenes Werk (Originaltext:
„own work"). Lizensiert unter Creative Commons
Attribution-Share Alike 3.0 über Wikimedia
Commons.

S. 39: „Huelfensberg" von Jörg Braukmann) – Eigenes
Werk. Lizensiert unter Creative Commons Attribution-Share Alike 3.0 über Wikimedia Commons.

S. 44: „Roland Nordhausen" von Markus Schweiß –
Eigenes Werk. Lizensiert unter Creative Commons
Attribution-Share Alike 3.0 über Wikimedia
Commons.

S. 45: „Vor dem Frauentor Mühlhausen" von Michael
Sander – Eigenes Werk (Originaltext: „Self-pho-
tographed"). Lizensiert unter Creative Commons
Attribution-Share Alike 3.0 über Wikimedia
Commons.

S. 46/47: „Schloss Weimar – Panorama" von Maros –
Eigenes Werk (Originaltext: „Own work"). Lizen-
siert unter Creative Commons Attribution-Share
Alike 3.0 über Wikimedia Commons.

S. 47: „Fruchtbringende Gesellschaft" von Merian
Matthias – Quelle diglib. Lizensiert unter Creative
Commons Attribution-Share Alike 3.0 über Wiki-
media Commons.

Bildnachweis

S. 51: „Arnstadt Bachdenkmal 02" von Andreas Praefcke – Eigenes Werk (Originaltext: „Self-photographed"). Lizensiert unter Creative Commons Attribution-Share Alike 3.0 über Wikimedia Commons.

S. 61: „Jena Burschenschaftsdenkmal 1" von Andreas Praefcke – Eigenes Werk (Originaltext: „Self-photographed"). Lizensiert unter Creative Commons Attribution-Share Alike 3.0 über Wikimedia Commons.

S. 67: „Arnoldistatue Gotha" von Michael Sander – Eigenes Werk (Originaltext: „Self-photographed). Lizensiert unter Creative Commons Attribution-Share Alike 3.0 über Wikimedia Commons.

S. 72: „Schloss Altenburg 02" von WikiABG – Eigenes Werk (Originaltext: „Self-photographed"). Lizensiert unter Creative Commons Attribution-Share Alike 3.0 über Wikimedia Commons.

S. 78: „Sonneberg-Beethovenstr10" von Störfix – Eigenes Werk (Originaltext: „Self-photographed"). Lizensiert unter Creative Commons Attribution-Share Alike 3.0 über Wikimedia Commons.

S. 79: „Diorama Thueringer Kirmes" von Gosh – Eigenes Werk. Lizensiert unter Creative Commons Attribution-Share Alike 3.0 über Wikimedia Commons.

S. 84: „Das Meininger Theater – Fassade" von foto-ed – Eigenes Werk (Originaltext: „Das Meininger Theater"). Lizensiert unter Creative Commons Attribution-Share Alike 3.0 über Wikimedia Commons.

S. 85: „Meiningen-Theatermuseum" von Kramer96 – Eigenes Werk. Lizensiert unter Creative Commons Attribution-Share Alike 3.0 über Wikimedia Commons.

S. 99: „Haus am Horn, Weimar (Westansicht)" von Most Curious – Eigenes Werk. Lizensiert unter Creative Commons Attribution-Share Alike 3.0 über Wikimedia Commons.

S. 100: „Bleiloch-Talsperre 2013" von JøMa – Eigenes Werk. Lizensiert unter Creative Commons Attribution-Share Alike 3.0 über Wikimedia Commons.

S. 101: „Liesel 24-09-2011 Schloss Burgk" von Liesel – Eigenes Werk (Originaltext: „eigenes Foto"). Lizensiert unter Creative Commons Attribution-Share Alike 3.0 über Wikimedia Commons.

S. 107: „Moedlareuth Museum 2002b" von Andreas Praefcke – Eigenes Werk (Originaltext: „Self-photographed"). Lizensiert unter Creative Commons Attribution-Share Alike 3.0 über Wikimedia Commons.

S. 113: „WAK SEEB INSELBERG" von Metilsteiner – Eigenes Werk. Lizensiert unter Creative Commons Attribution-Share Alike 3.0 über Wikimedia Commons.

S. 117: „HütesMgn" von Kramer96 – Eigenes Werk (Originaltext: „Self photographed"). Lizensiert unter Creative Commons Attribution-Share Alike 3.0 über Wikimedia Commons.

Kaiser Barbarossa am Kyffhäuserdenkmal.

Impressum

Sutton Verlag GmbH
Hochheimer Straße 59
99094 Erfurt
www.suttonverlag.de

Copyright © Sutton Verlag, 2018
ISBN: 978-3-95400-943-5
Druck: Florjančič Tisk d.o.o. / Slowenien
Gestaltung und Herstellung: Sutton Verlag

Steffen Raßloff

GESCHICHTE DER STADT
ERFURT

Geschichte der Stadt Erfurt

Steffen Raßloff

ISBN: 978-3-95400-044-9 | 12,95 €

Steffen Raßloff

GESCHICHTE DER STADT
WEIMAR

SUTTON GESCHICHTE

Geschichte der Stadt Weimar

Steffen Raßloff

ISBN: 978-3-95400-891-9 | 13,99 €